ケアマネ応援!!

自信がつくつく家族支援

介護家族のアセスメントと支援

認知症の人と家族の会愛知県支部
ケアラーマネジメント勉強会 著

クリエイツかもがわ
CREATES KAMOGAWA

はじめに

　私たちケアラーマネジメント勉強会は、2011（平成23）年10月に認知症の人と家族の会愛知県支部の中に発足した会で、メンバーは全員が居宅のケアマネジャーです。
　ケアラーは介護者をさしますが、介護者との関係づくりに悩むケアマネジャーは少なくなく、そのため、会の目的は介護者を理解して支援する方法を学びあうこととしました。毎月１回開催してはや５年目になります。
　この勉強会を発足したきっかけを説明するために、少し私自身のことをお話いたします。私は65歳の脳血管性認知症の義母を在宅で８年間介護した経験があります。介護のために仕事を辞め、やがて子どもができて介護と子育てを同時に行うことになりました。その頃の義母は、「あなたが盗ったでしょ！」と私に対して被害妄想を抱き、毎日毎日、繰り返される言葉にほとほと嫌気がさして、この生活から逃げたい、誰か助けてほしいと思う日々でした。
　そんな中、勇気を出して「認知症の人と家族の会愛知県支部」に電話して、その時に電話に出たのが、今の愛知県支部の尾之内代表です。「介護と子育てを同時にしている人がいますよ」と言って、すぐに仲間が集まれるよう手配してもらえました。
　そして、介護と育児を同時に行っている仲間が愛知県の各地から定期的に集まるようになり、そこでは、みんなが同じ立場で、どんな話をしても非難されることはありませんでした。介護者どうしがお互い支えあい、介護を乗りきる力が出たのでした。
　義母は介護保険が始まる少し前に、在宅での介護が困難になり施設に入りました。介護していた時は、ケアマネジャーという職種はまだ

ありませんでしたので、あの介護の中で、介護仲間のほかに、私を理解して身近で支えてくれる存在があったら、どんなにか心強かっただろうと思います。そのようなわけで、介護保険が始まるとすぐにケアマネジャーの資格をとり、介護者の支援を大切にしたのです。

　介護保険では、利用者本位でケアプランを作成します。これは、介護保険制度が契約によるもので、事業者本位でなく利用者本位を基本理念としたものだからです。しかし、この利用者本位という言葉を誤解して、利用者本位なので介護者支援をするのは、私たちの仕事ではないというケアマネジャーがあります。これは、介護者支援ということを介護者本位と取り違えていると思われます。

　利用者の支援と介護者の支援は車でいうと両輪にあたり、介護を続けるためには、どちらの支援も大切で、どちらが欠けても行うことができません。

　私たちは、介護者の支援は介護者を理解することから始まると考えました。そのために介護者とうまくいかない、介護者と何かしっくりこない、訪問のたびにこれでいいのだろうかと感じるケースについて、介護者をアセスメントできる独自のシート(介護者の理解と支援のためのアセスメントシート)を使って事例検討会を始めました。ケアマネジャーが、介護者との間に感じる違和感のようなものを大切にして検討することが理解につながると考えたからです。

　「あの家族、ちっとも認知症のことわかってないのよね」「なんでもっと優しくできないのかしら？」「もう担当するのがしんどい」という声は、実はあちこちのケアマネジャーから聞かれます。本当は、ケアマネジャーの方が介護者の理解が不十分だったり、介護者とよい関係を築いてゆきたいのに、それができなくて発する言葉だと思うのです。事例の検討を重ねるうちに、介護者の心理ステップと置かれている立

場により特徴や傾向があることがわかってきました。これを表にして整理したものが「介護者を理解するための早わかり表」です。

このような勉強会を行う中で、「私たちだけで勉強しているのではなく、いつか介護者支援に悩むケアマネジャーの応援ができるような本を出したいね」ということがメンバーの目標になりました。そして、忙しいケアマネジャーのために、手にとってさっと読める事例をたくさん入れたわかりやすい本にしたいと思いました。

試行錯誤しながらの勉強会でつくった本ですので、未熟な部分もたくさんあります。それでもこの本が少しでもみなさまのお役に立ち、そのことが介護者の支援につながり、同時に利用者の支援につながることを切に願っております。

ケアマネジャーだけでなく、介護者の方にはご自身の気づきのために、介護の専門職の方には介護者支援のために参考にしていただけると幸いです。

この本に出てくる事例は、個人を特定するものではありません。私たちが出会った多くの介護者を参考にしつつ、個人が特定できないように配慮してあります。

私たちと出会い、勉強の機会を与えてくださった利用者、介護者のみなさまに、この場をかりまして心より感謝いたします。

2017年1月

認知症の人と家族の会愛知県支部
ケアラーマネジメント勉強会
発起人　恒川千尋

もくじ

はじめに ... 3

1 介護者のアセスメント ... 9

1 ● 介護者を理解するアセスメントとは ... 10
2 ● 介護者のたどる心理ステップ ... 12
3 ● 認知症／介護者を理解するための早わかり表 ... 19
①早わかり表の特徴
②早わかり表の使い方
4 ● 介護者の理解と支援のためのアセスメントシートとは ... 24
①アセスメントシートの特徴
②アセスメントシートの使い方

2 介護者の立ち場による違い ... 31

1 ● 娘が介護者 ... 32

事例 01 「ケアマネジャーさん、あなたは私のことを考えてくれてないのですね！」と言う次女

事例 02 「ケアマネジャーさん、デイサービスでは、なぜお願いしたとおりにしてくれないのですか！」と言う長女

事例 03 「ケアマネジャーさん、先のことが心配なので早くサービスを入れてください！」と言う長女

2 ● 息子が介護者 ... 41

事例 04 ケアマネジャーさん、母の認知症は重度なので、すぐに施設に入れてください」と言う長男

- 事例 05 「ケアマネジャーさん、母を施設から引き取り、私が最後まで家でみます」と言いつつ、介護ができなくなった次男
- 事例 06 「ケアマネジャー、なぜ来るのか、用はない」と言って訪問を拒否する長男

3 ● 妻が介護者 ……………………………………………………… 51

- 事例 07 「ケアマネジャーさん、夫が嫌だと言っているので、このままでいいです……」と言う妻
- 事例 08 「ケアマネジャーさん、大好き、毎月あなたに会えるのが楽しみです」と言いながら、サービスの提案を受けつけない妻
- 事例 09 「ケアマネジャーさん、本当は夫を早く施設に入れたかったのです」と言う妻

4 ● 夫が介護者 ……………………………………………………… 60

- 事例 10 「ケアマネジャーさん、妻の面倒は俺がみます」と言いながら、介護放棄状態となっている夫
- 事例 11 「ケアマネジャーさん、今まで買い物をしたことがないので仕方がわからないんです」と言う夫
- 事例 12 「ケアマネジャーさん、あなた、この薬のこと、知っていますか？」と試すように言う夫

5 ● 嫁が介護者 ……………………………………………………… 70

- 事例 13 「ケアマネジャーさん、義母とはただ一緒に住んでいるだけです。もういいです！」と言う長男の妻
- 事例 14 「ケアマネジャーさん、退院後は施設に入所させたいんです」と言えなかった次男の妻
- 事例 15 「ケアマネジャーさん、私はがんじがらめで、もうこんな家も介護も全部嫌です」と言う次男の妻

3　家族の力を引き出すために　79

1 ● 介護者の力を引き出す支援とピアサポートの力　80
　①介護者同士の交流は心のケア、介護の百科事典
　②ピアサポートの力はとても大切
　③考えを変えた交流会での気づき
　④「介護者に寄り添う支援」と「力を引き出す支援」
　⑤ピアサポートの力を重要な社会資源として

2 ●「ケアラーマネジメント勉強会」座談会　85
　①ケアマネ歴と勉強会参加のきっかけ
　②アセスメントシートを書くと介護者の理解が深まる
　③介護者自身が変わっていく姿を見られるのが、
　　この仕事の魅力
　④ケアマネのつらさ、悩み、苦労
　⑤家族が納得できる介護に寄り添う支援

あとがき　98

付録1 ● 認知症／介護者を理解するための早わかり表　101
付録2 ● 家族のたどる心理ステップ　103
付録3 ● 介護者の理解と支援のためのアセスメントシート　104

1 介護者の
アセスメント

1 介護者を理解するアセスメントとは

　ケアマネジャーがケアプランを作成する際には、利用者のアセスメントを行うことが定められています。厚生労働省が定める23の標準アセスメント項目にそってアセスメントを行いますが、その項目の1つに「介護力」があります。介護者の有無、介護者の介護意思、介護負担、主な介護者に関する情報などを記載する項目です。

　この項目は、あくまでも利用者を支援するための「介護力」を問う内容になっています。

　しかし、介護者を「介護力」という視点だけでみてしまうと、なかなか介護者の本当の姿がみえてきません。

　たとえば、介護者に「大丈夫ですか？」と聞いたときに、「大丈夫です、心配ないです」と言われることも多いのですが、「本当に大丈夫なのかな？」と思いつつ、その言葉どおりに信じてしまったり、いつ訪問しても家の中がとてもきれいで、介護も家事もきちんとこなす介護者に「大変じゃないかな？」と感じ

つつ、安心してしまうというようなことがないでしょうか。また反面、とりたてて原因がないと思われるのに介護者がよそよそしく、早く帰ってくださいというような態度に「なぜだろう」と感じたことはないでしょうか。

　じつはこのような時は、実際の介護者とケアマネジャーが思っている介護者の状態にズレが生じている可能性があります。何がどうズレているのか、介護者をアセスメントしてみると原因がみえてきます。

　介護者をアセスメントするには、次のような3つの点に留意してアセスメントするとよいでしょう。

1つ目には、介護者のたどる心理ステップを理解すること、
2つ目には、介護者の置かれている立場による傾向を理解すること、
3つ目には、利用者本人と介護者の関係性を理解することです。

　この3つを統合して介護者を理解し、支援方法を検討していきます。

　次の項からは、具体的な介護者のアセスメント方法「介護者のたどる心理ステップ」「介護者を理解するための早わかり表」「介護者の理解と支援のためのアセスメントシート」について説明していきます。

（恒川千尋）

2 介護者のたどる心理ステップ

　みなさんは介護者のたどる心理ステップをご存じでしょうか？
　認知症の始まりから看取りに至るまでの介護者の心理状態を段階的に分けたものです。介護者の気持ちが、どのような状態にあるのかを察知し、どのように声かけし関わっていくのかは、介護者を支援する上ではとても大切になってきます。

　私たち愛知県支部では、家族の状況を見極める基準として５段階に分けた「介護者のたどる心理ステップ」を作成しました。介護者は往ったり来たりしながら、時間の経過とともに少しずつステップをあがっていくというものです。
　それでは第１ステップから順番に説明していきましょう。

【第１ステップ】まさかそんなはずはないどうしょう
　認知症が始まった最初の頃です。「あれ？　おかしい……」と気づいても、年のせい、昔からの性格と、家族はなかなか認

知症を認めることができません。本人の受診拒否も強く病院に行くにも苦労します。家族は"しっかりしてほしい"という思いが強いので、おかしいことをついあれこれ指摘してしまい、自分はしっかりしていると思っている認知症の人との間でけんかが増えてきます。

世間体も気になり「うちはまだ軽いので、それほど困っていません」と言われる介護者も多いのですが、生活の端々に異変を感じるため、実際には、「いったいこの先どうなってしまうのか……」と不安で仕方ありません。

【第2ステップ】ゆとりがなく追い詰められる

この時期は毎日の介護で振りまわされて、疲労困憊状態です。物とられ妄想・夜中に何度も起こされる・入浴拒否・徘徊など、人それぞれにさまざまなことが起こり、その対応に困り果てます。介護者は気持ちにまったくゆとりがなくなり、怒ってはいけないとわかっていても、どうしても怒ってしまい、優しくできない自分自身にも苛立ちます。

当然、認知症の人との関係は悪化し、介護はやりにくくなるばかりです。「顔も見たくない」「早くお迎えが来てほしい」と思っている人も多く、介護疲れから介護うつや虐待に至りやすいのもこの時期の介護者です。

介護者にさまざまな助言をしても、受け入れる余裕すらない

時期です。特に「認知症の人に怒ってはいけない」という助言は、逆に介護者を追い詰めてしまいます。「腹が立って当たり前」「今がいちばんたいへんな時期」と、まずは介護者の気持ちに寄り添い、受けとめることを最優先に考えていくことが大切です。

【第3ステップ】なるようにしかならない

　介護サービスも軌道に乗り始め、介護者は、怒っても仕方がないと気づき、相手を受けとめた対応ができるようになってきます。気持ちにもゆとりが出て、開き直りまでくると、「まあいっか」と、腹が据わり、物事を客観視できるようになってきます。

　たとえば、お風呂を嫌がる認知症の人に対して「まあいっか、垢では死なない」と思えるのです。風呂に入れようと必死になっている時と、"まあいっか"と思える状態では、介護負担感はまったく違います。

　ここまでくるとやっと認知症の人に「怒らない」介護ができるようになり、家族の介護力が増してきます。その後、徐々に進行して状況が変わり、新たな困りごとが起きても、それなりに自分で考え、相手を受けとめ対処できる力がついています。

【第4ステップ】認知症の人の世界を認めることができる

　ここに至る人はごく一部で、重度になられた方の中に「可愛くて仕方がない」という人がまれにあります。そのような介護

者です。認知症が進んで意思疎通もままならないのですが、とても相手が愛おしくなります。

　介護度も４、５で施設入所が多くなり、終末も近くなってきていますので、徐々に家族は看取りにむけた心構えをしていく頃です。

【第５ステップ】人生観への影響
　看取ったその瞬間に介護者がどのように思えるのかです。"第３ステップの開き直り、あるいは"第４ステップ"に上がれた人は、看取り時に自然と第５ステップに至り「不十分だったかもしれないが、自分にできることはやれた」と、これまでの自分の介護を評価し、自分なりに相手の最期を収めていくことができます。

　しかし、第２ステップの混乱状態で消化できないまま看取った介護者は、ステップを上がることはなく、介護が嫌な思い出になったり、あとのバーンアウトがひどく、立ち直りに時間を要したりしてしまいます。

　認知症の介護で介護者が精神的にもっとも大変なのは、第１、第２ステップの頃です。認知症の人との安定した生活には、早期に第３ステップに上がることが必要です。ですから、特に支援が重要なのは、この第１・第２ステップなのですが、厄介なことに介護者が第２ステップを抜け出すには、少なくとも５

● **家族のたどる心理ステップ** （認知症の人と家族の会・愛知県支部作成版）

※一覧表を巻末に掲載（付録2）
参考文献：1) 杉山孝博「ぼけ受け止め方支え方」p102〜110、『家の光』1999
　　　　　2) 松本一生「在宅痴呆介護と高齢者虐待」『老人をかかえて』255号　P3　2001

まさか
そんなはずはない、
どうしよう

ゆとりがなく
追い詰められる

第1ステップ

● 驚愕・とまどい
・おかしい行動に少しずつ気づき始め、驚き、とまどう。

● 否定
・周囲にはなかなか理解してもらえない。介護者自身も、病気だということを納得できないでいる。

第2ステップ

❶ 混乱
・認知症の症状に振りまわされ、精神的・肉体的に疲労困ぱいする。やってもやっても介護が空まわりする。

❷ 怒り・拒絶・抑うつ
・「自分だけがなぜ…」「こんなにがんばっているのに…」と苦労しても理解してもらえないことを腹立たしく思う。
・認知症の人を拒絶しようとする。そんな自分がいやになる。

必要に迫られ、認知症や介護サービスに関する情報を手当たり次第に捜し求めはじめる

見極めポイント ➡

● 他人には知られたくない

● 要介護者のペースに振りまわされる
● 介護者自身は被害者意識が強くなる
　（いいかげんにしてほしい!!）
● 虐待（暴力・暴言・放任など）をしてしまう
● まだ受診をしていない人もいる

初期

> なるようにしか
> ならない

> 認知症の人の世界を
> 認めることができる

> 人生観への影響

第3ステップ

介護サービスを使うなどして生活を建て直し始める

❶あきらめ
・怒ったりイライラしても仕方ないと気づく。

❷開き直り
なるようにしかならないと開き直る。自らを「よくやっている」と認められるようになる。

❸適応
認知症の人をありのままに受け入れた対応ができるようになる。介護に前向きになる。

第4ステップ

●**理解**
・認知症の症状を問題と捉えなくなり、認知症の人に対するいとおしさが増してくる。

第5ステップ

●**受容**
・自分なりの看取りができる。
・介護の経験を自分の人生において意味あるものとして位置づけていく。

● 介護者のペース、自分の力量にあわせうまくできるようになる
● なんとか折り合いをつけられる
● 手抜きの介護60％介護ができるようになる

● 相手の気持ちを深く理解しようとする

● 自分自身への深い理解、自分の経験を社会に生かそうとする

→ 重度

年〜10年、中には介護中ずっと第2ステップという人もあり、とても長い時間がかかります。ではなぜ、そのように時間がかかるのでしょうか？

　それは単純明快な話で「身内の介護」だからです。関係が近いほど感情が邪魔をし、認知症の人が起こすさまざまな症状と複雑に絡み合い上手くいきません。その感情は、介護者の立場（妻・夫・息子・娘・嫁など）によっても違いますし、それまでの家族間の人間関係の良し悪しも大きく影響します。ですから介護者へのアセスメントには、3つの留意点が大切になってくるのです。

　そしてもう1つ注意していただきたいことがあります。
　介護者の介護負担というのは、あくまでも介護者自身が、どれくらい負担に感じるのかということですから、周りから見て、それほど大変そうにみえなくても、介護者はとても負担に感じていることを忘れないようにしましょう。
　ですから「着替えをしてくれない」と困っている介護者と「徘徊」で困っている介護者の負担感に優劣はつけられないのです。

（尾之内直美）

3 認知症／介護者を理解するための早わかり表

① 早わかり表の特徴

　22ページの表は、ケアラーマネジメント勉強会で検討した多く事例を通して作成したものです。介護者は、娘、息子、妻、夫、嫁（子の妻）など、置かれている立場はそれぞれですが、その立場によって一定の傾向や特徴があることがわかりました。これまでもケアマネジャーは漠然と介護者の特徴をとらえていたのですが、検討会を重ねる中でその特徴が浮きぼりになってきました。

　この表では介護者を立場別に分けて、さらに心理ステップの第1ステップ、第2ステップにおける特徴を記載してあります。

　ケアマネジャーが最初に出会う介護者は、心理ステップの第1ステップ（驚愕・とまどい・否定）と第2ステップ（混乱・怒り・拒絶・抑うつ）であることがほとんどです。そのため、この時期の介護者の支援は大変と感じることが多く、ケアマネジャー自身も混乱してしまいがちです。

そのような介護者の支援に悩んだ時や介護者をもっと理解したいと思った時に、この表をみて介護者を客観的に捉えることで介護者の支援がしやすくなります。
　また、ケアマネジャーの経験年数に関係なく、誰にでも活用できるよう介護者を支援するポイントも記載しました。
　この表は介護者がこうであると決めつけるためのものではありませんので、介護者を理解する際の参考にしていただきたいと思います。

② 早わかり表の使い方

❶ 介護者の発言内容・態度
気になる介護者の発言内容や態度を、左上の四角の枠に記載します。ここに記載することで気になっている内容がより明確になります。

❷ 立場
その発言をした介護者の置かれている立場（娘・息子・妻・夫・嫁）をみていきます。

❸ 心理ステップ
その介護者が心理ステップのどの段階にあるのか、表の**左下**にある心理ステップを参考にして判断します。

❹ 主な特徴

介護者の心理ステップがわかったら、その特徴の欄をみて理解を深めます。

❺ ケアマネの関わり方のポイント

ケアマネジャーの支援のポイント欄を読んで参考にしてください。

次ページの早わかり表は、

事例08 「ケアマネジャーさん、大好き、毎月あなたに会えるのが楽しみです」と言いながら、サービスの提案を受けつけない妻

介護者●妻(79歳)
利用者●夫(82歳)　レビー小体型認知症
生活状況●夫婦二人暮らし　子どもは、長女、長男の二人で、市内に住む。

この妻の事例を表で確認した記載例です。事例（54ページ）の内容とあわせて読んでくださることをおすすめします。

（恒川千尋）

●認知症／介護者を理解するための早わかり表 [記載例]

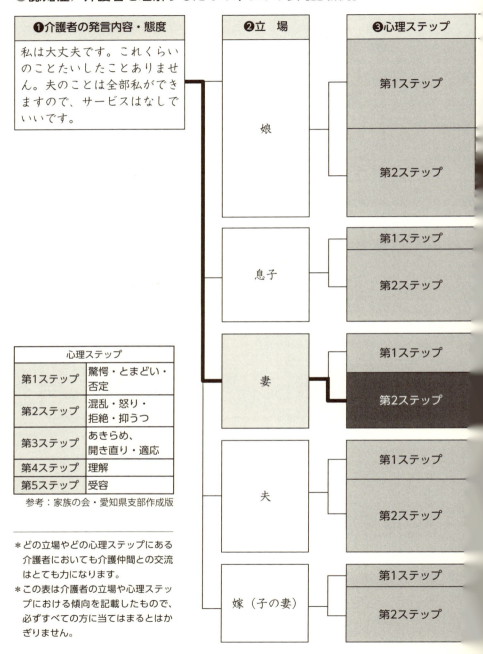

※フォーマットは巻末に掲載（付録1）
認知症の人と家族の会愛知県支部　ケアラーマネジメント勉強会作成

❹主な傾向	❺ケアマネの関わり方のポイント	事例
認知症の症状には比較的気づきやすい。すぐにサービスを使わなくてはと焦ってしまう。早め早めにサービスを利用したくなり、本人やケアマネとの温度差ができてしまう。	認知症と気づいた点を評価する。傾聴する。希望どおりに動いて、うまくいかないことを体験してもらうことも時には必要。	03 (P38)
感情的になって強い口調で親を責めてしまう。細かいことが気になり、事業者に過度な要求をしてしまう。介護してない兄弟姉妹に理解されない思いが強い。既婚の場合は夫の発言に影響されやすい。	傾聴する。認知症の上手い対応方法を押しつけない。	01 (P32) 02 (P45)
認知症の症状に気づきにくい。	経過を見守る。	05 (P48)
親の変わりゆく姿が耐えられない。（特に母親に対して、その傾向がある）できないことが怒りに変わる。過保護か関わりを避けるかの両極端。	傾聴する。サービスの提案を根気よく行う。虐待に至らないように注意する。	04 (P41) 06 (P48)
認知症と気づいても軽度と思いこもうとする。人に知られたくない。	傾聴する。	07 (P51)
子ども扱いして過干渉になる。私がするのがあたりまえ、大丈夫という。サービスの利用が遅れる。	傾聴する。妻としてのプライドを傷つけない。タイミングをみていつでもサービスが導入できるよう備える。	08 (P54) 09 (P57)
認知症かどうかよくわからない。人に知られたくない。	傾聴する。受診をすすめる。	10 (P60)
役割の逆転に戸惑う。自分でやるしかないと抱え込む。我流で介護してしまう。サービスの利用が遅れる。	役割の逆転をねぎらう。具体的なサービスの説明を行う。タイミングをみてサービスを導入する。介護はマニュアルどおりにいかないものと伝える。	11 (P64) 12 (P67)
認知症の症状には早く気づく。	認知症と気づいた点を評価する。傾聴する。	13 (P70)
夫や義理の兄弟姉妹に理解されない思いがある。自分の立場では何も言えずつらい。孤立感が強い。	傾聴する。交流会への参加をすすめる。	14 (P73) 15 (P76)

1 ● 介護者のアセスメント

4 介護者の理解と支援のための アセスメントシートとは

① アセスメントシートの特徴

　このシートは、介護者が理解できるような項目で構成された事例検討用のシートです。

　介護者の仕事の有無、介護の協力者の有無だけでなく、介護者自身の性格、要介護者との関係、介護者の趣味やしたいこと、介護者の心理ステップ、介護者の置かれている立場などを記載するのが特徴です。

　このシートを作成していくことで、ケアマネジャーは介護者についての情報不足に気づき、介護者について知らなかったことや知りたいことが明確になります。そして、事例検討会を通して、今後の介護者の支援について自ら答えをみつけることができます。

　事例検討会に提出するための資料づくりにかかる負担を軽くするため、このアセスメントシートは、事例検討会のその場で

●介護者の理解と支援のためのアセスメントシート［記載例］

※フォーマットは巻末に掲載（付録3）

❶事例を担当している期間			年　6ヵ月		提出日	H　　年　　月　　日		
❷事例の提供理由 （介護者の支援で困っていること）			介護者の長男にケアマネの訪問を拒否され、コミュニケーションがとれない。 「ケアマネは何しにくる。用はない」と言われる。					
❸家族構成図			（家系図）		〈家族について〉 長男の妻…姑とけんかして以来、身体介護は一切しない。長男の子…2人とも独立。長女…既婚市外に住む			
❹要介護者（本人）について	介護度		要介護3	74歳	性別	男性	女性	
	病名		腰椎圧迫骨折後、脳血管性認知症					
	認知症状		見当識障害					
	歩行		歩行困難		移動	車いす介助で移動		
	排泄		失禁あり、おむつ交換介助。ヘルパーが昼は交換、朝夕就寝前のみ長男が行う。		入浴	長男、長女の2人で介助。月2回のみ。		
	食事		ヘルパーが用意されているものを提供		更衣	着替え介助　ヘルパーが行う		
	家事		掃除、洗濯、調理は長男の妻		経済状況	年金6.5万円/月	金銭管理	長男
	性格		気が強い。病院・医者嫌い。					
	利用しているサービス		訪問介護…平日昼（おむつ交換、清拭、着替え、食事出し）、レンタル…車いす					
	その他		気の強い長男の嫁とは元来、相性が悪い。おむつかぶれができている。					
❺介護者について（主たる介護者1名）	続柄・年齢		長男・52歳	仕事	有・無	職業	建設関係	
	病気		有・無	病名				
	協力者		有・無	続柄	長女	協力内容	月2回　入浴介助	
	性格		はっきりと物を言う。責任感はある。					
	介護状況		介護者だった長男の妻が身体介護をしなくなり、母親のおむつ交換、薬の塗布、食事出しなどを一人で担っている。おむつ交換の回数が少なく、おむつかぶれができている。					
	要介護者との関係		母親の性格はきついが、大切に思っている。母親本位。					
	介護に対する要望		母親の嫌がることはしないでほしい。あれこれ言われたくない。					
	趣味・したいこと		釣…介護がはじまり行っていない。					
	❻心理ステップ	続柄	妻	夫	娘	息子	嫁	その他
		ステップ1　驚愕・とまどい・否定						
		ステップ2　混乱・怒り・拒絶・抑うつ				○		
		ステップ3　あきらめ・開き直り・適応						
		ステップ4　理解						
		ステップ5　受容						
まとめ	❼介護者の特徴		妻に母親の身体介護を拒否され、自分で介護するしかないと抱え込んでいる。仕事と介護で疲れ、最低限の介護をするだけで精一杯。誰にも自分の介護方法について文句を言われたくない。					
	❽本事例の弱み		長男は仕事と介護の生活で自分の時間がない。長男の妻が身体介護を拒否したため、身近に介護者の協力者がいない。長男とケアマネジャーとの関係が築けていない。					
	❾本事例の強み		長男が母親の排泄介助などの身体介護ができる。長男も母親もヘルパーの利用については拒否していない。長女の訪問回数は少ないが、その姉を長男は拒否していない。					
	❿介護者の支援方法		長男を威圧的な人という先入観でみて接してきていないか。長男の介護がうまくできてないと思うより、介護が十分にできない原因を考える。長男に理解を示すと関係が築ける可能性がある。介護を抱え込み頑張っているため、虐待の兆候についてはヘルパーと協力して注意をはらっていく。					
	⓫支援した結果		長男について、仕事も介護もしつつ、母親を大事にしている人と捉えることで、非難する気持ちよく頑張っていると思えるようになり、訪問して拒否されても気持ちに余裕ができてきた。					

認知症の人と家族の会愛知県支部　ケアラーマネジメント勉強会作成

記入できる簡易なものになっています。

また、事例検討会だけでの活用でなく、ケアマネジャー個人でも利用できるものです。

② アセスメントシートの使い方

このシートを活用した事例検討会の進め方について説明します。

司会者は、このアセスメントシートの活用方法を知っている人が担当することが望ましいでしょう。

事例提供者がアセスメントシートにある項目❶～❺を説明し、参加者は説明を聞きながら各自アセスメントシートに記載していきます。

> ❶ **事例を担当している期間**
> ケアマネジャーとして担当している期間を記載します。
> 期間を記載するのは、介護者とケアマネジャーのつきあいの長さを知るためです。この期間の長短で、ある程度の関係性がはかれます。介護者とのつきあいが長くてもケアマネジャーが支援するのが難しいと感じる場合には、それだけ、関係を築くのが難しい介護者と思われます。一方、ケアマネジャーにもなんらかの課題がある可能性があります。

❷ 事例の提供理由
ケアマネジャーとして、介護者の支援で困っていること、悩んでいることを記載します。
ケアマネジャーとして、介護者に対して何に悩んでいるのかをはっきりとさせることが大事です。この欄はかなり意識しないと書けず、くれぐれも「利用者の支援で困っていること」ではないことに留意してください。

❸ 家族構成図と家族について
同居、別居関係なく介護者の置かれている状況を理解するために、家族構成図を左側、検討会の参加者に知っておいてもらいたい家族の特徴を右側に記載します。

❹ 要介護者について
要介護者について基本的な情報を記載します。
この欄は日ごろの事例検討会でも書き慣れている欄です。

❺ 介護者について
主たる介護者についての基本情報や介護状況、介護者との関係、介護に対する要望、介護者の趣味やしたいことを記載します。
この介護者はあくまでも主たる介護者1名について記載します。介護者が複数いても主たる介護者に注目します。誰

> が主たる介護者かを理解することも大切なアセスメントの一つになります。
> また、ここで複数の介護者について記載するとケアマネジャーとして誰を支援するのかというポイントがずれてしまいます。

　介護者の趣味やしたいことは日ごろ聞けていないことが多いのですが、介護者の支援には欠かせない情報です。

　ここで、参加者全員が、事例提供者に介護者をアセスメントするための質問を行います。介護者だけでなく、利用者についても知りたい内容を事例提供者に確認していきます。

　項目❻～❾は参加者全員で検討する項目になります。

> ❻　心理ステップ・立場
> 　先の項で説明した「介護者を理解するための早わかり表」をみながら、介護者の立場を確認して、この介護者の「心理ステップ」が第1ステップなのか、第2ステップなのかを検討します。参加者間で違いが出やすいのですが、なぜ違うのかを話し合うと気づきがあります。
> 　表にある介護者の傾向や支援のポイントを確認します。

❼ **介護者の特徴**
この事例の介護者の特徴を簡単に整理して記載します。
ここでは、主たる介護者1名についてアセスメントした結果の特徴を簡単に記載します。

❽ **本事例の弱み**
この事例の弱みについて考えます。この際は、主たる介護者だけでなく、この事例の主たる介護者を取り巻く状況についても捉えて記載します。

❾ **本事例の強み**
この事例の強みについて考えます。この際は、主たる介護者だけでなく、この事例の主たる介護者を取り巻く状況についても捉えて記載します。

最後に事例提供者が今後の介護者への支援方法を参加者に伝えます。

❿ **介護者の支援方法**
このアセスメントシートのいちばん大切な部分です。
事例提供者が、自らの気づきをもとに「今後の介護者への支援方法」を参加者に伝えて記載します。
参加者からも支援方法について気付きがあれば伝えていき

ます。

この部分は、明日からの介護者支援にすぐに活かすことができます。

❶❶ **支援した結果**

この欄は、後日、介護者への支援を行った結果の振り返りとして活用します。

(恒川千尋)

2 介護者の立ち場による違い

1　娘が介護者

事例01

「ケアマネジャーさん、あなたは私のことを考えてくれてないのですね！」と言う次女

介 護 者●次女(48歳)独身　会社員
利 用 者●実父(78歳)アルツハイマー病
生活状況●一人暮らし　子どもは長女と次女の二人。実家近くに次女が住み、長女は市外に住む

　この言葉は、父親の介護について介護者の次女とその姉、ケアマネジャーとで話し合いを行った次の日に、次女からかかってきた電話で言われたものです。

　この電話までの次女との関係は良好で、頻繁に相談の電話もありました。次女は独身で仕事をしており、実家の近くに住んで、アルツハイマー病の父親を通いで介護していました。

　長女は独身で会社を経営して多忙なため、次女とはなかなか話をする時間がとれず介護はまかせきりでした。そして姉妹で話すことができても、親身に相談には乗ってくれず、次女はそれを不満に思っていました。

　この頃の父親は、同じ食材を買ってきて冷蔵庫で腐らせ、次女が腐った食材を捨てると、「勝手なことをするな！　まだ食べられる！」と怒鳴りだし、その態度についつい次女も声をあらげてしまう状態でした。そこでケアマネジャーは、次女が担ってきた掃除や冷蔵庫の整理をヘルパーにお願いし、掃除だけでなく、父親の見守りも行ってもらうことで、次女の負担は軽くなったようにみえました。

姉妹との話し合いの結果、非協力的だった長女も毎週訪問して、父親と会うようにすると言ってくれ、この話し合いは穏やかに進んだように感じました。

● ケアマネジャーが困ったこと

　次女からの電話では、なぜ怒っているのか、何のことを言われているのか、さっぱり心あたりがありませんでした。

　長女との話し合いの最中も次女は何も言わず、笑顔さえ見られました。ケアマネジャーは次女のために、なかなか会えないという忙しい長女を呼び出し、やっとの思いで話し合いの場を設けたのですから、まさか不満の電話がかかるとは思いもしませんでした。

● 介護者の状況

⊙ 心理ステップ…第2ステップ（混乱の時期）

　次女は、父親の認知症状に振りまわされ、思うとおりにならない態度にイライラして、感情的になって強い口調で責めてしまっています。そして、仕事と介護のために自分のための時間がもてず余裕がありません。

● このケースの弱み

　幼いころから優秀な姉と比べられてきた次女は、姉に対して劣等感を抱えている様子で、姉の前では思っていることがなかなか言えないように思えます。

　仕事が忙しい長女は時間の余裕がなく、次女と介護を分担して担うことが困難です。

● **このケースの強み**

　ケアマネジャーに対して、不満を言える力があったことが次女の強みで、姉に言えなくてもケアマネジャーには、言いたいことが言えました。
　話し合いの結果、積極的ではないものの、長女に介護に協力しようとする姿勢が見られたことはよかった点です。

● **介護者支援のポイント**

　介護者が実の娘さんの場合は、介護していない兄弟や姉妹に対して、なぜ自分だけが介護をしなくてはいけないのか、こんな目にあうのかと不満を感じてしまう傾向にあります。
　特に混乱期には、ケアマネジャーに対しても、「なぜ、わかってくれないの！」ときつい態度をとられることがあります。ケアマネジャーもつい感情的に反応してしまいがちなのですが、不満な思いを伝えてもらえたこと、話してもらえたことに対してまず理解を示します。それがこの時期の娘さんの特徴として、客観的に捉えると少し楽になるのではないでしょうか。
　その上で、娘さんが介護から離れて、自分のための時間がとれるようデイサービスやショートステイを提案していきます。
　また、介護者の交流会などを積極的に案内して、娘さんのつらい思いをはき出せる場所をつくっていきます。

事例 02 「ケアマネジャーさん、デイサービスでは、なぜお願いしたとおりにしてくれないのですか!」と言う長女

介 護 者●長女(48歳) 週3日のパート勤務。
利 用 者●実母(78歳)レビー小体型認知症
生活状況●長女家族と同居　子どもは長女のみ

　この言葉は、母親が利用するデイサービスについて、介護者の長女から頻繁にかかってくる電話で言われるものです。

　3年前、母親はレビー小体型認知症との診断を受けました。誰もいない部屋の中で人がいると騒ぎ出し、不審に思った長女が受診に連れて行ったのです。その後、母親は転倒して大腿骨を骨折し、その後遺症で車いすの生活になってしまいました。

　長女は週3日、図書館に勤めていますので、その日に合わせてデイサービスを利用しています。長女のデイサービスに対する注文はこと細かく、送迎時の自宅での介助方法、デイサービス中にやってほしいこと、着替えの仕方、薬の飲ませ方など、いくつもの独自のやり方を求められます。その一つでもできてないとケアマネジャーに苦情の電話が入り、デイサービスからの謝罪と改善策を求められるのです。

　そのようなわけで、長女の苦情に対して思うとおりに対応してくれないという理由で、ケアマネジャーも何人か交代となっており、地域のケアマネジャーの間では、長女はクレーマーと言われるようになってしまいました。デイサービスの職員も毎回の苦情にうんざりして、母親には

利用してもらいたいのですが、長女のことで根をあげるようになりました。

● ケアマネジャーが困ったこと

　長女のデイサービスに対する注文がこと細かく、無理難題を言っているように思えます。デイサービスは、それでもできるかぎり応えてくれているのですが、注文どおりに応えられないこともあり、その際には、すぐ長女から苦情が入るため、ケアマネジャーは頻回の対応をせざるを得ず、負担に感じています。

　このままでは、長女が原因でデイサービスが利用できなくなり、長女の注文や苦情にどこまで応えるべきか、ケアマネジャーとしてとても悩んでいます。

● 介護者の状況

⦿心理ステップ…第2ステップ（混乱の時期）

　一人娘の長女は、仕事と介護の両方を担って、協力者もなく自分で介護をするしかない状況です。

　サービス事業者にも自分のやり方を押しつけてしまい、コミュニケーションがうまくとれず孤立した状況です。

● このケースの弱み

　長女がケアマネジャーやデイスタッフへ上手に要望を伝えることができず、苦情という形で言ってしまう点が最大の弱みかと思います。

　他に介護の協力者がなく、一人で抱え込んでいます。

● **このケースの強み**

おかしいと思ったら誰にでも言える長女の性格は率直で強みと言えます。長女が母親思いで、母親も長女との生活に満足している点は強みです。

● **介護者支援のポイント**

介護者が娘さんの場合は、ほかの立場の方と比べて苦情が多い傾向にあると思われます。なぜ、苦情が多いのでしょうか？

その理由の一つとして考えられるのは、実の娘さんだからこそ、親の病気をなんとかよくしたいという思いが強いのではないかということです。そして、ご自分なりにいちばんよいと思えるやり方をいろいろと考えて、他の人にも同じやり方を押しつけてしまうのではないかと思われます。

もう一つの理由として考えられるのは、介護や家事、仕事とでゆとりがなく、精神的に不安定な状態で、他者に対して攻撃的な面が出てしまうのではないかということです。このケースの場合は、一人娘さんでもあり、自分が母親を守らなくてはという気負いが背景にあることも考えられます。

このような状況を理解した上で、娘さんの話をよく聞き、丁寧に対応していくことが大事と言えるのですが、一方、できないことについては、こういう理由でできないですと最初にきちんと説明しておくことも必要です。言いにくいからとこの点をあいまいにしたままにしていると、結局は介護者、サービス提供者、ケアマネジャーの三者ともに不満を抱える結果になって、支援の継続が困難になる恐れがあるからです。

「ケアマネジャーさん、先のことが心配なので早くサービスを入れてください！」と言う長女

介 護 者●長女(45歳)既婚　会社員
利 用 者●実母(73歳)脳血管性認知症
生活状況●長女家族と同居。子どもは長女と長男の二人で、長男は既婚で県外に住む。

　はじめて自宅を訪問した時に、介護者の長女はとても焦った様子でした。母親が介護認定で「要介護1」となったということで、「すぐにも介護サービスを使いたい」「何から利用したらよいか」と、矢つぎ早に質問がありました。

　その場に居合わせた母親は「私はどこも悪くない。私は何も要らない！」とふくれ顔で、自分を無視して、勝手に決めつけてしまう娘に対して、不満な様子が見てとれました。それでも、長女は「デイサービスは、どんなところがあるのですか？」「ヘルパーは何かできますか？」とお構いなしにケアマネジャーにどんどん話しかけてこられます。

　数日後、長女より電話がかかってきて、「けんかして母が外に出て行ってしまった。これは徘徊ですか？　警察に届けた方がいいですか？」と言い、慌てた様子でした。ケアマネジャーは、母親の出て行った理由が、長女とのけんかで原因がはっきりしており、先日会った時の様子からも認知症は軽度と思われたため、徘徊でないと判断して、しばらくそのまま自宅で待つように話をしました。1時間後、「母は何事もなかったかのように帰宅しました」との連絡がありました。

それからも母親について、「料理をつくるのがめんどくさい様子で、同じものばかりつくります」「昨日、約束したことができてないので困ります」「このままでは認知症が進むと思うので、デイサービスに行くように話をしてもらえないですか」と、今すぐにサービスを使わないと明日にも認知症が進んでしまうかのような勢いで連絡があります。

● ケアマネジャーが困ったこと

　介護者の長女にとにかく早く早くとせき立てられているように感じます。

　認知症の初期で、サービス利用に拒否が強いため、ケアマネジャーとしては、もう少し時間をかけて、ご本人との関係づくりを優先し、状態に合わせてサービスの提案をしていきたいのですが、先に先にと話をすすめてしまう長女の焦りに動かざるを得ません。

● 介護者の状況

◉ 心理ステップ…第1ステップ（とまどいの時期）

　長女は母親が認知症と診断され、どうしたらよいのか、なんとかしなくてはと手当たり次第に本やインターネットで情報を集めるのですが、実際にはどうしたらよいのかわからない様子です。

● このケースの弱み

　長女は家事すべてを母親にまかせて働いてきたため、家事を行うことが苦手でした。長女の夫も仕事で帰宅が遅く、家事を担うことが困難で、家事を担当する人がいません。

長男は遠方で介護の協力は難しく、長女の協力者がいません。

● このケースの強み

長女はパソコンが使えますので、インターネットや本で認知症について調べ、情報を得ることができ、サービスの利用については抵抗がありません。

長男が介護については長女にまかせており、長女の意向で話がすすめられる点は強みと言えます。

● 介護者支援のポイント

介護者が娘さんの場合は、ネットや本で得た知識や情報が先になり、早くサービスを使わないと親の認知症が進んでしまうと焦ってしまい、ご本人にサービスの利用を押しつけてしまう傾向があります。ケアマネジャーに対してもこの先どうなるのか、早く次のサービスを使った方がいいのではないか、こんなことをしていていいのかと不安と心配を口にされ、サービスの利用を催促されることがあります。

このような際には、「ご本人の様子から考えて、今はまだ早いと思います」と説明してもなかなか理解してもらうことが困難なため、動きの遅いケアマネジャーと思われてしまうことがあります。思い切って提案に沿ってサービスを組み、うまくいかないことを体験されると、娘さん自ら「まだ早かったのですね」と言って気づかれることもあります。

ケアマネジャーが、娘さんの焦りの原因について、認知症を進ませたくない、なんとか治したいという気持ちからきているのではないかと理解しておくことが大切となります。

2 息子が介護者

>
>
> 「ケアマネジャーさん、母の認知症は
> 重度なので、すぐに施設に入れてください」
> と言う長男
>
> 介 護 者●長男(62歳)既婚　定年退職後、就労はしていない。
> 利 用 者●実母(90歳)アルツハイマー病
> 生活状況●一人暮らし。子どもは、長男、長女、次女の三人で、長女は実家の近くに住み、長男、次女は県外に住む。

　初回訪問の時、客間の上座にあぐらで座る長男と、入り口近くに下を向いて正座をしている母親の姿が、この家の力関係を端的に表していました。介護者の長男は、挨拶もそこそこに「もう母は自宅では生活できない。無理なんだ」と言われました。Aさんは遠距離介護で、一人暮らしの母親の家に定期的に泊まりに来て様子をみています。

　母親の意思を確認しようとしても、長男は「無理無理、母はわからないから。一人での生活は無理なんだ。認知症は重度なのですぐに施設にいれてください」の一点張りでした。

　母親には見当識障害がありましたが、歩くことは可能で、犬をシルバーカーに結びつけ、毎朝の散歩を楽しみにしていました。身の周りのことや食事や排せつも自分で行うことができ、近所に住む長女が頻繁に訪問して買い物などの支援をしてきました。

　前任のケアマネジャーは、長男の希望するとおりに動いてくれないとの理由で交代となり、そのケアマネジャーが組んだデイケア、訪問介護

の事業所が交代となりました。

幸い、担当が変わっても母親の戸惑いは少なく、笑顔も多くみられましたので、今の状態であれば、このまま

在宅での生活が継続できると思われました。

しかし、翌月、老人保健施設に空きが出るとすぐに長男の意向で入所となり、母親と会った際には下を向いて小さな声で「仕方ないわ」とつぶやいたのでした。

● ケアマネジャーが困ったこと

母親に軽い認知症状があるものの、身体状況や長女の支援状況から、ケアマネジャーには、まだまだ在宅生活が可能だと思えました。しかし、決定権のある長男によって施設入所となってしまい、母親は言葉では施設入所について承諾をしましたが、明らかに本心ではないように感じられ、ケアマネジャーとして「これでよかったのか？」と考え込んでしまいます。

● 介護者の状況

◉心理ステップ…第２ステップ（混乱の時期）

この家で長男は、父親がわりとして家長の役目をしています。

長男は定期的に母親のところに泊まる生活を続けており、遠距離介護

が負担となってきていました。

　長男は、母親が認知症になるとすぐに何もわからない人、自分では判断できない人と捉えてしまい、普通の暮らしはできないと思ったようです。

● このケースの弱み

　長男に認知症についての知識が不足しているように思えます。
　長男が絶対的な力をもち、母親も姉妹も意見を言えない点です。
　ケアマネジャーが短期間の担当で、長男と信頼関係をつくる時間がありませんでした。

● このケースの強み

　母親が新しいヘルパーにもすぐに慣れるなど適応能力が高く、施設入所しても適応できると思われる点です。
　長男には家長としての責任感と決断力があります。
　長女が協力的で施設入所後も頻回な訪問が期待できます。

● 介護者支援のポイント

　介護者が息子さんの場合には、このケースのように割り切りが早いことがあります。
　母親に対して、少しでもできないことがあると、すべてできない人と捉えてしまう極端な傾向もあるように思います。
　一方、このケースの母親は、今まで長男を家長として扱って生活してきており、母親自身が長男に、その役割を望んだのではないかと思われ

ます。ですので、長男が決定した施設入所について、従うことを選択されたのではないかと思います。
　このように、ケアマネジャーは、今までの親子の関係にも注目します。それまでの親子関係がうまくいってない場合には、認知症状が軽くケアマネジャーからみて在宅生活が継続できると思えるようでも、在宅介護は難しくなることが多いのです。
　このような時には、親子双方のために施設入所をすすめることが望ましいこともあります。無理に在宅生活を続けた結果が、利用者にとって孤独な環境、自立が阻害される環境であれば、それこそ望ましい生活ではないからです。

事例 05 「ケアマネジャーさん、母を施設から引き取り、私が最後まで家でみます」と言いつつ、介護ができなくなった次男

介 護 者●次男（60歳）離婚して独身　夜勤のある会社員
利 用 者●実母（85歳）脳血管性認知症
生活状況●独身の次男と二人暮らし。子どもは、長男、次男の二人で長男は県外に住む。

「離婚して嫁も一人娘も出て行ったので、母を施設から引き取り自分が最後まで家で見ます。施設で退屈している姿を見ているのはつらいです。もう一度、母の担当をお願いします」と言って、介護者の次男から連絡がありました。

一人暮らしで認知症を発症した母親は、2年前に自宅で転倒して大腿骨を骨折して入院し、自宅に戻っての生活が難しいと判断した長男が、老人保健施設へ入所させました。

施設入所直後は、近所に住む親せきの者も時々会いに行っていましたが、1年も経つと誰も会いに行かなくなり、県外に住む長男もほとんど面会に行くことはなくなり、次男だけが不規則な仕事の合間をぬって会いに行っていました。そこで退屈そうにしている母親の姿をみて、自分の家に引き取る決心をしたのです。

次男のマンションはエレベーターのない3階で、足腰の弱い母親には階段の昇降が大変でした。また、次男は1日おきに夜勤があり、母親は一人で家に閉じこもる生活になりました。

やがて、母親に認知症状が目立つようになり、履いていたリハビリパ

ンツを洗濯機に入れてしまったり、薬を過剰に飲んだりするようになってしまいましたが、次男は見て見ぬふりをする様子で、母親をそのままにしておくようになってしまいました。

● ケアマネジャーが困ったこと

次男の強い思いで母親を施設から引き取ったものの、認知症状が現れ、次男は母親から目を背けているように思えます。長男の意向も聞かずに自宅に引き取ってしまったため、介護の協力を得ることが難しく、このまま在宅介護が継続できるのか、母親自身は次男との暮らしに満足しているため、どうしたものかと悩んでしまいます。

● 介護者の状況

⊙心理ステップ…第1ステップ（とまどい・否定の時期）

次男は離婚した寂しさもあり、勢いで母親を引き取ったように思えます。母親と二人での穏やかな生活を考えていたのですが、認知症状の出現に戸惑い、認めたくない気持ちが強いようで、母親のことを見て見ぬふりをしているように思えます。

● このケースの弱み

次男に認知症の知識があまりないことです。

次男の自宅がエレベーターのないマンションで、母親だけでは外出ができない環境も弱みです。

次男の仕事は夜勤があり、生活が不規則で母親との生活リズムが違う点です。

● **このケースの強み**

次男には母親を家に引き取る実行力がありました。

母親自身が次男と暮らすようになったことに満足しています。

母親は次男宅に移って室内を歩行する時間が増えたせいか、施設の時より歩行は安定してきました。

● **介護者支援のポイント**

介護者が息子さんの場合は、母親思いの方が多い印象です。このケースの場合でも離婚を機に寂しさもあって、母親と暮らしたい思いが強くなり実行に移されています。

ただし、介護者が息子さんの場合は、軽い認知症状に気づきにくい傾向があります。認知症状があってもまさかそんなことはない、昔から忘れっぽいと言って、そのままにしてしまう方もいます。

症状が進行して介護の手間が増えた時に、やっと母親の認知症に気づき、思うようにならないと言って怒ったり、叩いたりすることがあります。母親思いの息子さんだからこそ、今までの母親と目の前の母親とのギャップが受けとめられないようです。

ケアマネジャーはその点を理解して、事業者と連携して介護者の息子さんの様子に注意をはらっていきます。特に訪問を拒否される、介護サービスの利用を拒否されるなどの場合には、虐待と言われる状態になっていないか、いっそうの注意をはらっていきます。

事例 06 「ケアマネジャー、なぜ来るのか、用はない」と言って訪問を拒否する長男

介 護 者●長男（52歳）既婚　会社員
利 用 者●実母（74歳）認知症は未受診　腰椎圧迫骨折後遺症
生活状況●長男家族と同居。子どもは長男、長女の二人、長女は結婚して市外に住む。

　ケアマネジャーにこう言い放った介護者の長男は、歩けなくなった母親を在宅で介護しています。仕事で帰宅が夜になることもあり、「ケアマネと話す時間があったら自分の時間がほしい」と言います。

　1年前までは、長男の妻がおむつ交換を行っていましたが、もともと怒りっぽい性格の義母とけんかしてしまい、それ以降、身体介護は拒否して、長男が母親のおむつ交換をするようになりました。

　長男は仕事があるため、母親の昼間のおむつ交換はヘルパーにまかせていますが、朝、夕、就寝前のおむつ交換を担っています。しかし、その長男のおむつの当て方が適切でなかったためか、夏になっておむつかぶれができてしまいました。

　ケアマネジャーから皮膚科の受診をするよう長男にすすめたところ、「あんたは看護師でもないから、見たところで何もできんだろう」「おふくろは先生にお尻を見せるのは嫌だ、病院に行きたくないと言っている」「おふくろのことは自分がいちばんわかっている」と言って怒って病院へ連れて行ってはくれませんでした。結局、市販の塗り薬のみを使うためか、なかなかおむつかぶれが治らず、入浴も2週間に一度だけ、市外

に住む長女が訪問した際に、長男と一緒に介助して入れるだけのため、治らない原因になっていました。

　また、母親には物忘れがあるのですが、長男はそれも「おふくろが嫌だと言っている」と言って病院へ連れて行ってくれません。

● ケアマネジャーが困ったこと

　毎月、長男に電話して訪問の約束をとるのですが、「なぜ来るのか、用はない！」と言われてしまい、また怒られるのではないかと思うと、電話をするのが憂鬱です。なんとか訪問できても、長男は印鑑を持って門の所で待っており、家の中には入れてくれません。本人に会いたいといっても「機嫌が悪いから帰ってくれ」と言って会わせてもらえず、結局、母親にはヘルパーの提供時間に合わせて訪問して会っていますが、ケアマネジャーとして、どう長男と接していいのか悩んでいます。

● 介護者の状況

◉心理ステップ…第2ステップ（混乱の時期）

　妻から介護できないと言われた長男は、自分で介護するしかないと思っています。そして、仕事と介護の生活で疲れ、最低限の介護をするだけでいっぱいで余裕がありません。

　長男は誰にも自分の介護方法について、意見されたくない様子です。

● このケースの弱み

　長男は仕事と介護の日々で、自分のための時間がありません。長男の妻が義母の介護から手を引いており、身近に介護の協力者がありません。

威圧感のある長男にケアマネジャーが委縮してしまい関係が築けていません。

● このケースの強み

　母親や長男が、ヘルパーの利用については拒否がない点です。長男が母親の排泄介助などの身体介護ができる点です。回数が少なくても長女が訪問しており、長男もそれを拒否していません。

● 介護者支援のポイント

　このケースの場合は、介護者だった長男の妻が介護から手を引いてしまったため、長男は自分で介護するしかなく、妻の手前もあり、弱音がはけないことが考えられます。

　また、ケアマネジャーからおむつかぶれについて「病院へ連れて行ったほうがよいのでは」と言われ、長男さんは自分の介護力が足りない、介護ができていないと非難されたと感じてしまったのではないでしょうか。このように考えると、ケアマネジャーに対して「なぜ来るのか！用はない！」と言い放った発言も理解できます。

　長男さんに対しては、できていないことを指摘するのではなく、不十分な介護にならざるを得ない状況を理解して、できていることの方に目を向けて発言していくと、関係を築く糸口がみえてくるように思います。このような方には、真摯な姿勢で接していくと案外良好な関係が築けることがあります。いま一度、怖いという先入観をなくしてがんばっておられる長男さんをみてください。

　それでも、関係づくりが困難な場合には、無理をせず、他の方に担当をお願いするのも介護者、ケアマネジャー双方にとってよいかもしれません。

3　妻が介護者

事例 07

「ケアマネジャーさん、夫が嫌だと言っているので、このままでいいです……」と言う妻

介 護 者●妻（84歳）　要支援1
利 用 者●夫（85歳）　認知症未受診
生活状況●夫婦二人暮らし　子どもは長女一人で市外在住。

　この言葉は、要支援の妻が夫の世話をすることが体力的に難しいと判断したケアマネジャーが、夫の介護認定の申請やサービスの利用をすすめた時に出た言葉です。

　妻には持病があり、体力が落ちていて、心配した近所の人からの相談で自宅を訪問しました。初回訪問した際、夫には物忘れがあり何度も同じことを問い、そのつど同じことを答えなくてはならない妻は、うんざりしていましたが、認知症についての受診はまだできていませんでした。

　夫の足腰は丈夫で何とか身のまわりのことができており、妻が買い物、食事の用意をして、日々の生活は成り立っていました。市外に住む長女は家庭も仕事もあり、月に1回程度、実家に顔を出すのが精一杯の状況です。

　この先の妻の体調の悪化や夫の認知症の進行を考えると、今後の生活について考える時期にきていました。

　そこで、夫に介護保険の説明をして、「申請してデイサービスを使い

ましょう」と提案しましたが、「自分は困っていない。そんなところ行く必要がない。何でもできるからいい」と言って、まったく聞く耳をもちません。

その夫の言葉に、妻もサービスを利用することには消極的でした。「夫がそういうので、このままでいいです」と言うのです。

● ケアマネジャーが困ったこと

妻の体力は明らかに衰えているのに、サービスを拒否する夫の言いなりで、夫が嫌がるなら仕方ないと言ってあきらめる妻に強引なことは言えず、困ってしまいました。

一人娘の長女も母親が「このままでよい」と言うため、サービスの利用を父親にすすめることはしません。

近所からの相談でもあり、この夫妻をどう説得しようかと悩んでしまいます。

● 介護者の状況

◉心理ステップ…第1ステップ（とまどいの時期）

妻は、夫がなんども同じことをいうので、うんざりしていますが、嫌がる夫を無理にデイサービスや病院へ連れていくには気が引けるようです。

子どもには迷惑をかけたくない思いもあって、長女には頼らず、自分が耐えて一人でみるしかないと思っています。

● このケースの弱み

妻自身病弱で、要支援の認定を受けており無理がききません。

妻は亭主関白の夫に長年仕えてきて、認知症状が出ても強く言えず、言いなりとなっています。

介護者は一人娘の長女にも頼らず、協力者がありません。

● **このケースの強み**

妻が物静かな性格で、夫が認知症になっても立てており、夫が妻に対して攻撃的になっていない点です。

近所の人たちがこの夫妻について気にかけており、見守りの体制があります。

● **介護者支援のポイント**

介護者が妻で高齢の場合は、このケースのように、夫を立てて仕えるのが妻の役目という考えで生活してきた方があります。時には、耐えることが美徳というような価値観のある方もあります。一見、か弱くみえる妻ですが、実は夫の扱いに長けている方も多く、夫のことは自分がいちばんわかっているという、プライドもおもちのようです。

このような方には、サービスの提案をいきなり夫のいる場面で行うのではなく、先に妻に説明して了解を得て、夫へのすすめ方を妻自身に考えてもらうことが好ましいと思われます。妻に気配りするケアマネジャーの態度に信頼感をもたれます。

今後の夫妻の急な状態の変化を予測して、長女さんとは早めにお会いしておきたいです。

> **事例 08** 「ケアマネジャーさん、大好き、毎月あなたに会えるのが楽しみです」と言いながら、サービスの提案を受けつけない妻
>
> **介 護 者**●妻(79歳)
> **利 用 者**●夫(82歳)　レビー小体型認知症
> **生活状況**●夫婦二人暮らし　子どもは、長女、長男の二人で、市内に住む。

　この言葉は、前任のケアマネジャーに対して不信感があるとの理由で、ケアマネ交代して私が担当した介護者の妻から言われる言葉です。「ケアマネジャーさんがおられるから、今の私があります」と言われます。
　一方、病気の影響で歩行が不安定になった夫に対しては「はい、ちゃんと歩いて！」「だめじゃない！」と叱り飛ばしており、叱れば夫が言うとおりにすると思っているようです。
　そんな折、妻は腰を痛めて、整形外科に通うようになり、この頃から、疲労の色が濃くなりました。また、トイレの中で上手く方向転換ができない夫のおしりを叩いていることも自身の口から出てきました。
　「このままでは、奥様が倒れてしまうので、ショートステイを使いましょう」と提案するのですが、「いいえ、夫の世話をするのは私の役目、こんなことたいしたことありません」「お父さん。私と一緒がいちばんいいのよね」と返事のできない夫に対して話しかけ、こちらの提案はまったく聞き入れてくれません。
　長女や長男にこのままでは両親が共倒れになると伝えたのですが、「昔から自分の思うようにしてきた母なので、自分たちの言うことは聞かず

仕方ない」との返事でした。

● ケアマネジャーが困ったこと

介護者の妻が病気になり、その治療を優先することが必要とわかっているのに、妻がショートステイの利用を拒否し、このままでいいはずがありません。このままだと夫婦共倒れです。介護負担から妻による暴力がエスカレートする可能性があり、ケアマネジャーを信頼しているなら、素直にサービスの提案を受け入れてくれてもよいのではないかと思ってしまいます。

● 介護者の状況

⊙心理ステップ…第2ステップ（混乱の時期）

妻は夫の認知症状に対して知識や理解があまりありません。叱ればできるはずと思って叩くこともあります。また、注意しすぎて夫を怒らせ、暴力を振われることもあります。

● このケースの弱み

高齢世帯で介護者の妻自身も治療が必要な状態になっています。

妻は自分の体調が悪くても、弱音がはけず、子どもたちを頼りません。

妻は、他人に気をつかう

性格で、夫と自分のことは後まわしになっています。

● **このケースの強み**

　夫が会社の役員をしていた関係で年金が多く、経済的な余裕があります。子どもどうしの仲がよく、ケアマネジャーと子どもとの関係も良好です。
　万一の緊急事態の時には、子どもたちが動いてくれます。

● **介護者支援のポイント**

　病気になる前は夫を立てていた妻の多くは、夫の物忘れが始まったとたん、夫を子ども扱いしてしまう傾向があります。子育ての経験からくるものと思われますが、病識のない夫は、なぜ自分が子ども扱いされるのかわかりません。妻にばかにされているように感じて、不機嫌になったり、怒り出したり、時には暴力を振るってしまうこともあります。妻と夫との立場の逆転がそうさせているのです。
　介護者の妻は、人様に預けては申し訳ない、自分が介護するのがあたりまえと言ってなかなか他人まかせにできない傾向もあります。
　急な妻の体調不良で介護困難となる可能性が高いため、いつでもショートステイが提供できるように準備をしておきます。介護者が入院をすることで自分が無理していたと気づき、次からのサービス利用がスムーズになることもあります。

事例 09 「ケアマネジャーさん、本当は夫を早く施設に入れたかったのです」と言う妻

介 護 者●妻（65歳）
利 用 者●夫（66歳）要介護2　脳血管性認知症　片麻痺
生活状況●妻と二人暮らし。子どもはいない。

　初回訪問の時から、介護者の妻は夫を見て会話をすることはなく、いつも暗く沈んだ表情でした。
　そもそも夫が脳出血を発症するまで営んでいたコンビニは、妻には何の相談もなく勝手に脱サラして始めたもので、妻は納得しないままコンビニの仕事と家事を強いられてきました。ただただ、時間に追われる毎日で、自分の時間をもつこともできず、おまけに夫との相性は悪くいつも離婚のことを考えてきたそうです。経済的には、その時も今も苦しいと言います。
　夫婦関係が良好ではないことはすぐにわかりましたから、夫婦の距離をとるためデイサービスの利用から提案しましたが、夫は「雰囲気が合わない」と言って、数回利用しただけで勝手にやめてしまいました。そこで、排泄や入浴の介助にヘルパーの利用を提案したのですが、今度は妻の方が「私は役に立たないということですか！」と言ってヘルパーの利用を拒否しました。結局、サービスはベッドと車イス、手すりのレンタルだけとなってしまいました。
　そんな中、妻から泣いてケアマネジャーに電話がありました。聞くと

夫が自分に手を上げようとしたというのです。幸い、夫の体が不自由なため、逃げた妻に被害はなかったのですが、このことが引き金になり、妻は「もう在宅で介護できないです。本当は最初からこんな夫、施設に入れたかったのです」と言う冒頭の発言になったのです。

● ケアマネジャーが困ったこと

この1回の夫の暴力行為だけで、施設入所をすすめていいものか判断に迷います。まして、経済的な余裕がないため、すぐに入れる施設もありません。

しかし、妻の日ごろの様子から夫の在宅介護を求めることは難しいとも思えます。

夫婦間のことはこれまでの長い期間に培ってきたもので、簡単には修復ができないですし、ケアマネジャーとして、今後どのように支援したらよいのかわかりません。

● 介護者の状況

◉心理ステップ…第2ステップ（拒絶・抑うつの時期）

長年の夫に対する不満、コンビニの仕事からくる疲れに加えて、夫の介護が重なり妻はうつ状態のようです。

また、相談相手がなく孤独な状態です。

● このケースの弱み

妻はうつ病を発症しているか、もしくはすでに治療中である可能性があります。

夫が妻をいたわる姿勢に乏しく、また妻をねぎらう人が誰もいません。経済的なゆとりがない点も妻の不安材料となっています。

● **このケースの強み**

妻が相談相手として、やっとケアマネジャーを求めることができました。夫が自宅から出かけるサービスについては、妻の拒否がない点です。

● **介護者支援のポイント**

介護者がうつ状態かどうか、その表情や言動から把握することはとても大切です。今後のサービスや在宅介護の継続が、可能かどうかを判断しなくてはいけないからです。介護者にうつ病が疑われる場合は、心療内科などの受診をすすめることも必要になります。

このケースの場合は、経済的な理由からすぐの施設入所は難しいかもしれませんが、施設入所させたい妻の気持ちをそのまま受けとめ理解を示します。

そして、妻が夫から離れる時間が取れるよう、デイサービスやショートステイなどを早急に組んでいきます。

妻が日ごろため込んでいる思いがはき出せるよう、訪問は夫がデイサービスで不在の時にするなどの工夫をこころがけ、妻の精神的な負担にも配慮した訪問時間にします。

4　夫が介護者

「ケアマネジャーさん、妻の面倒は俺がみます」と言いながら、介護放棄状態となっている夫

介 護 者●夫（75歳）
利 用 者●妻（72歳）アルツハイマー病
生活状況●妻と二人暮らし。子供は長男、次男の二人。長男は近隣に住み、次男は他県に住む。

　この言葉は、毎月の訪問時に必ず介護者の夫から言われる言葉です。
　夫は元企業戦士で、家庭のことや子育ては、妻にまかせきりな生活を送ってきました。そんな中、妻のもの忘れ、意欲低下が目立つようになり、大学病院を受診してアツルハイマー病との診断を受けたのです。その診断を受けた後も夫は、在宅サービスを使わずに一人で妻を介護してきました。
　ケアマネジャーが初めて訪問した時には、妻の認知症は相当進んでおり、失認・失行があり、意思の疎通も困難な状態でした。尿意がうまく伝えられず、ズボンを濡らすようにもなっていました。しかし、夫は「紙パンツを使うとトイレで排泄ができなくなくなってしまう」と言って、布パンツを使い続け、失禁後の後始末も負担となっていました。
　やっと夫が紙パンツを使うようになった頃、妻は歩行が困難となり、夫一人でトイレに連れていけなくなりました。その頃から妻のおむつ交換は不十分で、デイサービスの迎えの時には、紙おむつは尿でパンパン

な状態で、デイサービスから帰宅して次のデイサービスまでのあいだは、着替えもできていない状態になりました。ほどなくして、妻の腕などに青あざがみられるようになったのです。

夫におむつ交換をしてもらうヘルパーの利用を提案するのですが、「介護は、妻への罪滅ぼし、俺の義務だと思っている」「大丈夫、妻の面倒は俺がみます」と言って強く拒否し、介護放棄と思える状態になってしまったのでした。

● **ケアマネジャーが困ったこと**

妻の介護ができなくなった夫が、デイサービス以外のサービスを受けようとしないことに困りました。妻の認知症は重度になっていましたので、夫の介護力だけでは限界にきていましたが、夫はそれを認めようとはしません。

そして、自分の思うようにならない妻に手を挙げるようになっても、自分で面倒をみると言って頑なで、介護放棄と思われる状態になっており焦ってしまいます。

● **介護者の状況**

◉ 心理ステップ
　…第2ステップ
　（混乱の時期）

妻の認知症が進行し、夫だけでの介護に限界がきています。認知症が軽

いうちは夫だけでうまく対処できていたことができなくなり、そのことで妻に対しての苛立ちが抑えられない様子です。
　介護ができない状態を夫自身が認めたくない、他人に知られたくないという気持ちもあるようです。

● このケースの弱み

　夫が弱音をはくことをよしとしておらず、子どもたちにも協力を求めない点です。
　夫は元来、生真面目な性格で、完璧な介護をしようとするあまり、かえって介護がうまくできなくなっています。ケアマネジャーなどのアドバイスに耳を傾けることができない頑なさがある点です。

● このケースの強み

　デイサービスは利用できており、夫以外の介護の手と目があります。
　子どもたちに父親の依頼があれば、協力しようという姿勢があります。
　夫の年金が多く、経済的な面でゆとりがあり、今後、有料老人ホームなどの施設入所も視野に入れることができます。

● 介護者支援のポイント

　介護者が夫の場合は、仕事のように介護や家事をこなそうと、がんばってしまう方が多い傾向にあります。そして、手抜きはせずに完璧にこなそうと努力されますが、介護はなかなか仕事のようにはいきません。
　このケースのように夫が一人でがんばってやってきて、妻の認知症が進行して、すべてに介助が必要な状態になってから、やっと相談してこられることがあります。他人まかせにできず、自分でやるしかないと抱

え込んでおられたのです。

　夫は、妻をぎりぎりまで介護して、「もう無理」となっても弱音がはけず、「大丈夫、自分がやりますから」と言われることがあります。他人に支援を求めるのは負けというような意識があるのでしょうか。夫の言葉を額面どおりに受け取ってそのままにしていると、介護放棄や虐待と思われる事態に陥る可能性もあり、注意深く見守って、緊急時にすぐに利用できるショートや入所の施設をあたっておきます。

　このケースの場合も、夫はすでに介護が困難な状態に陥っていると思われますので、早急に子どもさんや主治医と相談して、妻を守るためにショートステイや施設入所をすすめていきます。そうすることが夫を守ることにもなります。

> **事例 11**　「ケアマネジャーさん、今まで買い物をしたことがないので仕方がわからないんです」と言う夫
>
> 介 護 者 ● 夫（68歳）
> 利 用 者 ● 妻（63歳）若年性アルツハイマー病
> 生活状況 ● 夫婦二人暮らし。子どもはいない。

　これは、初めて訪問した際に、介護者の夫から言われた言葉です。
　妻が同じ食材ばかり買ってくるようになり、若年性アルツハイマー病と診断されたのは半年前です。それまでの妻は家事すべてを完璧にこなす専業主婦で、食事もおやつもすべてが手づくりで、やりくりも上手でした。
　家庭のことはすべて妻まかせでよく、それまで夫は買い物も掃除も洗濯もしたことがありませんでした。妻が病気となり、夫が買い物に行くようになったものの、一度の買い物でどれくらいの予算で、何をどのくらい買ったらよいのかわからず困っているとのことでした。そして、洗濯機の使い方がわからなくなった妻の代わりに洗濯を行い、掃除もするようになっていました。
　今までよくしてくれた妻にはとても感謝しているので、なんとか家でがんばって介護していきたいと言うのですが、家事がうまくできない妻を見ているとついイライラして怒鳴ってしまい、そんな自分が本当に情けないと落ち込んでいます。
　ケアマネジャーが訪問している時も、お茶を用意しようとして湯のみ

がわからず戸惑っている妻に、「そこじゃないだろう！　何をやっているんだ！」と声を荒げます。おそらく、日常的に妻を叱ってばかりの日々で、慣れない家事と介護を担うことの大変さがみてとれます。

● ケアマネジャーが困ったこと

　家事に慣れていない夫が、うまく家事ができなくなった妻を叱りつけており、妻がかわいそうに思えます。もう少し夫に優しくするように言いたいのですが、言いあぐねています。
　介護者の夫は、妻を怒ったことを反省しつつ、自分でなんとか家で介護していきたいと泣きながら話されるのですが、夫の負担感の大きさに、このまま妻を在宅で介護をすることができるのだろうかと不安に思ってしまいます。

● 介護者の状況

⊙心理ステップ…第2ステップ（混乱の時期）
　夫は「まさか妻が認知症とは」という、とまどいの時期も過ぎ、いよいよ家事も介護も自分が担わなくてはいけなくなってパニック状態です。妻を怒ったり、叩いたりしてしまい、そんな自分が嫌になり落ち込んでいます。

● このケースの弱み

　妻が家事をすべて担ってきたため、夫は家事の仕方がわからず、今からその方法を覚えなくてはいけません。
　子どもがなく、介護の担い手が夫のみで、相談相手や介護の協力者が

ありません。

● このケースの強み

夫が正直な性格で、ケアマネジャーに困っていることを伝えることができました。

夫は今まで支えてくれた妻に対して感謝の気持ちがあります。

妻がやりくり上手だったため蓄えがあり、夫の年金と蓄えで経済的な心配はありません。

● 介護者支援のポイント

介護者が夫の場合は、介護の他にやり慣れていない家事が負担となる方があります。

介護や家事の両方を担うことになって大変でも、介護サービスを使わず一人で抱え込んでしまう方もあります。やがて妻の認知症の進行と自身の疲れとで余裕がなくなり、思いどおりにならない妻を怒ってしまうこともしばしばです。

仕事はマニュアルどおりにすればうまくいきますが、介護はマニュアルどおりにはなかなかなりません。その点を折にふれて夫に伝え、完璧をめざしてつぶれないようにしていきます。

夫が介護サービスの利用に抵抗感がある場合には、他の男性介護者の声や体験を聞く機会を案内していきます。「認知症の具体的な介護方法を知りましょう」「サービスの具体的な利用方法を学びましょう」というような、具体的な知識が得られるような声かけをすると、交流会などに参加されやすいように思います。同伴で参加ができる認知症カフェなどへの参加も声かけしてみるとよいと思われます。

事例12 「ケアマネジャーさん、あなた、この薬のこと、知っています?」と試すように言う夫

介 護 者●夫(60歳)
利 用 者●妻(56歳)前頭側頭型認知症
生活状況●夫婦二人暮らし。子どもは長男、長女。長男、長女とも市内在住。

　妻は6年前の50歳の時に前頭側頭型認知症と診断を受けました。
　病気になる前の妻は、世話好きで、料理上手で穏やかな人柄でした。その妻の口調が乱暴になり、近所の人にも平気で失礼なことを言い、食材へのこだわりが強く、毎日同じものを買って溜め込むようになりました。それを介護者の夫が注意すると乱暴な口調でくってかかります。
　妻が診断を受けて以降、夫はあらゆる認知症に関する本を求め、インターネットでも情報を集めて、認知症の講演会があると聞くと都合をつけて参加しました。なんとか妻の認知症をなおしたいと必死でした。
　仕事も早期に退職して妻を介護し、地域の介護者のつどいにも参加するようになりました。つどいでは本やネットで得た知識を話して参加者に一目おかれる存在になりました。
　やがて妻は一人で外に出ていくようになり、夫が外出をとめても興奮して言うことをききません。そんな折、デイサービスの職員が妻の身体にあざのようなものを発見したのです。
　訪問して夫にあざについて、こころあたりがないか質問すると「自分で転んでしまった」との返事で、そんなものはたいしたことではないと

いうそぶりで、冒頭の薬の質問をされたのです。

● ケアマネジャーが困ったこと

　夫はケアマネジャーに聞かなくても、なんでも知っている、わかっているという態度で、こちらの話を真剣にきく様子がなく、薬の名前や専門用語も出てきます。介護が大変になっているはずなのですが、弱音はまったくはかれず、「病気だから仕方ないでしょう、認知症なんだから」と理解した態度を示されます。

　妻のあざについては「自分で転んだ」、在宅介護については「介護は大変ではないですよ」と言われ、本当にそうなのだろうかともやもやとした違和感を感じて、疑心暗鬼になってしまいます。

● 介護者の状況

⊙ 心理ステップ…第2ステップ（混乱の時期）

　夫は認知症のことはわかっているから大丈夫という態度で、一見すると心理ステップは「あきらめの時期」に至っているように見えます。しかし、実際には妻の症状がすすんで、どのように対応したらよいのかわからない様子です。そのことは、言ってもきかない妻の行動を力でおさえ込もうとする行為からわかります。

　自分自身で認知症のことは、なんでもわかっていると思い込んでいて、またそのようにふるまっており、他の人のアドバイスが入らないようです。

● このケースの弱み

　夫は認知症について、なんでも知っているという自負から、妻の行動

について、他者に助けを求めることができなくなっています。そのため、人の話やアドバイスが聞けない点が弱みになっています。

そして、子どもたちにも助けを求めず、一人で全部抱え込んでいます。

● **このケースの強み**

長男や長女が父親のことを冷静に見ることができており、今後の方向性を出す際に力になってくれそうです。

夫は学生時代に一人暮らしの経験があり、家事をすること自体は、それほど苦痛ではない様子です。

● **介護者支援のポイント**

介護者が夫でこのケースのように年齢が若い場合には、インターネットや本から情報を集めることが得意な人が多いです。

しかし、集めた知識はすべてがそのまま実際の介護には使えるものではありません。結局は、介護者自身で工夫していくことになるのですが、一人だけでの工夫では限界があります。その工夫について、介護者のつどいなどで情報交換することがいちばん活きた知識なのですが、このケースの夫には、お互いの工夫を情報交換するということが難しいようです。

このような場合には、介護体験がこの夫よりも長く、介護者のつどいや交流会で、きちんと人の話が聞ける先輩介護者と出会える機会があると、夫の気づきになり変わっていける可能性があります。

そのためにケアマネジャーは、地域にある介護者の交流会や認知症の人と家族の会の交流会などを、案内できるようにしておきます。

5　嫁が介護者

事例13　「ケアマネジャーさん、義母とはただ一緒に住んでいるだけです。もういいです！」と言う長男の妻

介 護 者●嫁（長男の妻・56歳）パート勤め
利 用 者●姑（82歳）アルツハイマー病
生活状況●長男家族との5人暮らし。子どもは長男、次男、長女の3人。次男、長女は市外に住む。

　「昨夜、母と義姉(あね)がけんかをして、母が刃物を振りまわしたんです。ちゃんと話を聞いてない義姉が母に、そんなことをさせてしまったんです。義姉が悪いと思うんです」と長女より電話が入りました。市外に住む長女が、たまたま実家を訪問した際に、激しいけんかを目にしてしまったのです。

　この頃、介護者の嫁は、アルツハイマー病の義母の妄想、興奮などに振りまわされていました。特にお金に対する執着は強く、通帳、キャッシュカードが見当たらないとすぐに不穏になって「返せ」「盗られた」「隠した」「勝手に部屋に入るな！」と被害妄想の矛先が嫁に集中していました。

　早速、訪問して嫁に事情を聞くと、「こんなに一生懸命やっているのに、お義母さんはわかってくれない。認知症だからと言って何を言ってもいいわけではない。許されるものではない。ケアマネジャーさん、私はただ一緒に住んでいるだけです。もういいです！」と抑えきれない感情が

あふれました。

　長男は大手企業に勤務していて、何事もきっちりしたい性格で、「あるべき」との言葉をよく使います。認知症の人への対応方法が書かれた本を大量に買い込んで妻に渡し、上手な介護をするように求めました。

　嫁は子育ての時期も働いてきて、「お義母さんがいたから働けたけど、でも、お義母さんがいたから外に働きに行かなくてはならなかった」と言い、義母がいたから子育てに十分に関われなかったという複雑な感情がありました。

● **ケアマネジャーが困ったこと**

　ケアマネジャーとして長女と介護者の嫁の間に立ってしまい、どのように誰を支援していいのか戸惑います。

　介護者の嫁が、義母から被害妄想の対象とされ、夫からは上手な対応を求められ、このままでは家庭崩壊になるのではと心配です。

● **介護者の状況**

⦿心理ステップ…第2ステップ（拒絶の時期）

　義母の妄想に振りまわされている嫁は、義母に対して顔もみたくない、話もしたくないという怒りと拒絶の気持ちでいっぱいです。

　おまけに夫や義妹から責められて逃げ場がなく、孤独でとてもつらい毎日です。

● **このケースの弱み**

　介護者の夫や義理の兄弟姉妹が、嫁にうまい介護を求めて押しつけ、

嫁の理解者がありません。そのため、嫁は弱音や愚痴を言う相手がなく、一人で抱え込めないほどの不満がたまっています。

　嫁には義母に対して、育児をさせてもらえなかったという恨みのような感情があり、介護をすることになった今、そのことが再燃してきています。

● このケースの強み

　介護者の嫁はケアマネジャーに対して本音や弱音がはけます。
　介護者が仕事を続けており、介護から離れる時間ができています。
　義母がデイサービスの利用を拒否しないのは幸いです。

● 介護者支援のポイント

　介護者がお嫁さんの場合は、義理の親や夫、その兄弟姉妹への遠慮もあり、介護について不安や不満を口にできない方が多く、やがてその不満はつもりつもっていきます。

　このケースの場合も、義母から「盗った」「返せ」と言われ続け、介護をしていない義妹からは「お義姉さんの言い方が悪いから」と責められ、それに加えて夫の理解や協力がありません。それでも、夫や義妹に不満を言わず、このお嫁さんのストレスは相当なものになっていると思われます。このままでは、お嫁さんの身体が壊れてしまいます。

　介護者がお嫁さんの場合は、家族や親族の中で、いちばん孤独や孤立感を感じやすい点に注意します。本人（利用者）や親族のいないところで話を聞く時間を設けたり、電話相談の利用や家族の会などの交流会への参加を積極的にすすめて、愚痴や不満がはき出せる場をつくっていきます。

事例 14 「ケアマネジャーさん、退院後は施設に入所させたいんです」と言えなかった次男の妻

介 護 者●嫁(次男の妻・51歳)パート勤務
利 用 者●義父(80歳)脳血管性認知症　大腸がん
生活状況●両親と次男家族が同居　子どもは長男と次男の二人。長男は県外に在住。

　この方を担当することになったのは、病院のソーシャルワーカーからの電話がきっかけで、「認知症があり、大腸がん末期の男性ですが、今の状態であれば自宅ですごすことができます。急いでサービスを導入して自宅ですごせるようプランをお願いします」との依頼でした。

　主な介護者は次男の嫁ですが、78歳の姑も介護を行っています。その姑も通帳や保険証をたびたび紛失していて、認知症が疑われました。

　早速、病院を訪問したケアマネジャーは、車イスで移動できるよう自宅の住宅改修を提案しましたが、次男の嫁は「どうせ先は長くないから必要ないと思います」と乗り気ではなく、電動ベッドを紹介しても、「今あるふつうのベッドで大丈夫です。特に必要なものはないのでいいです」との返事でした。

　今後のことを見すえて、訪問看護や訪問介護などもすすめましたが、やはり利用には消極的でした。ことごとくサービスを拒否され、ケアマネジャーはサービスが組めませんでした。そして、退院から一週間後、本人は脱水症状で再入院し、その後、そのまま有料老人ホームに入所となりました。

● **ケアマネジャーが困ったこと**

病院のソーシャルワーカーからは自宅に退院するので、急いでサービスを組んでほしいとの依頼でしたが、実際に介護者の嫁に会うと在宅介護に前向きではありませんでした。

介護を行なっていく上で必要と思われるサービスをすすめても、利用する気がなく、このままで在宅介護ができるとは思えませんでした。家族の意向というよりは病院の意向での在宅と思えました。

● **介護者の状況**

◉心理ステップ…第2ステップ（拒絶の時期）

介護者の次男の嫁は、認知症に加え末期がんも併発した義父と、認知症が疑われる義母の二人を家で介護する気はないのですが、病院のソーシャルワーカーや義母の手前、義父をみたくないとは言い出せなかったようです。

● **このケースの弱み**

介護者の次男の嫁が、ソーシャルワーカーにもケアマネジャーにも、義父を施設に入所させたいという希望を伝えることができなかった点です。

義母自身も物忘れが多くなっており、介護の協力者になるのは困難な様子です。

同居の次男の関わりがなく、方向性を決定する人がいません。

● **このケースの強み**

　次男の嫁は自己主張を控えていますが、最終的には自分の意向どおりになり、在宅介護が回避できました。

　有料老人ホームに入所できるほど経済的に余裕がありました。

● **介護者支援のポイント**

　介護者が嫁の場合は、介護したくない気持ちをストレートに夫や義父母、義理の兄弟姉妹の手前、口に出すことがなかなかできません。嫁の立場で施設に入所してほしいとは、なかなか言えないものです。

　このケースの場合も、次男の嫁は、退院時のカンファレンスで、それを言うことができませんでした。

　今回のように、病院から退院をせかされ、家族の意向が組みとれないまま在宅に戻るケースもありますので、ケアマネジャーは、介護者が嫁の場合は特に注意をはらい、その意向を丁寧に確認していきます。

事例 15 「ケアマネジャーさん、私はがんじがらめで、もうこんな家も介護も全部嫌です」と言う次男の妻

介 護 者 ● 嫁（次男の妻・62歳）
利 用 者 ● 義父（94歳）脳血管性認知症　パーキンソン症候群
生活状況 ● 次男家族と同居　子どもは長男、次男。長男は実家近くに在住。

　初めて会った時、介護者の次男の嫁はとても疲れ切った様子で、今までのことをいろいろと聞かせてくれました。

　嫁ぎ先は、地元でも有名な資産家で、多くのアパートや不動産を所有しています。

　長男は後継ぎでしたが、父親との折り合いが悪くなって家を出てしまい、次男が父親と同居することになりました。次男は事業の資金を父親に出してもらい、その介護が必要となった時、次男の嫁がめんどうをみざるを得なくなったのです。

　その後、父親との関係が修復した長男は、実家の近くに家を建て、夫婦で入れ代わり立ち代わり実家にやって来るようになり、嫁の介護方法について、あれこれと口を出すようになりました。

　認知症の父親が言う「嫁に無理やりデイサービスに行かされている」「嫁はちゃんと食べさせてくれない」という言葉を真に受けた長男は、次男の嫁を呼び出し、もっときちんとしたものを食べさせるようにときつく注意しました。

　それだけでなく、次男の嫁がいちばんショックだったのは、「財産が

あるからこの家に来たのだろう。事業のお金を出してもらったのだから、ちゃんと介護するがあたりまえ」と言われたことでした。「本来は長男のあなたが親をみるべきでしょう！　あなたがみないから私が介護することになったのです！」と反論したくても反論ができず、腹立たしくて、なにもかも嫌になり冒頭の発言になったのです。

● ケアマネジャーが困ったこと

介護者の次男の嫁が、義父からも義兄からも悪く言われ、介護をするのがあたりまえとまで言われて、とてもつらい様子ですが、どのように支援したらいいのか悩んでしまいます。

● 介護者の置かれている状況

⦿ 心理ステップ…第2ステップ（怒り・拒絶の時期）

次男の嫁は、資産家に嫁いだゆえに、介護することが当然と思われています。

自分を悪く言う義父や義兄が許せず、口だけ出してくる兄夫婦にはこりごりで、来ないでほしいと思っていますが、嫁の立場で言えず我慢しています。

夫は何も言ってくれず、協力者も理解者もなく、何もかも捨てて逃げ出したい気持ちでいっぱいです。

● このケースの弱み

次男である介護者の夫が、妻とも父親とも兄とも誰とも関わろうとしない様子で、嫁一人が親せきづきあいや介護をしています。

また、次男が父親から経済的な支援を受けたため、嫁に対してもちゃんと介護するのがあたりまえという親族からの重圧があります。

● このケースの強み

　介護者がケアマネジャーにつらい思いを伝えることができ、やっと助けを求めることができました。
　介護者自身が、このままの生活では限界だと気づいてきました。
　義父が高齢で、今後の介護期間が十年とは継続しないだろうことです。

● 介護者支援のポイント

　介護者が同居しているお嫁さんの場合は、介護してあたりまえと言われ、誰にも認めてもらえず、孤独な状態になっている方が多い印象があります。
　今回のように、介護者が次男の嫁である場合は、義理の兄や姉からの圧力を受けやすく親族の中では、いちばん弱い立場にあたることにも留意します。財産問題が絡んでいることも多くあります。
　お嫁さん一人の時に訪問したり、その時々に工夫して、介護者であるお嫁さんが悩みをはき出しやすい環境をつくっていきます。また、息子である介護者の夫の協力も必要ですので、ケアマネジャーとして、息子さんと会う機会もつくり、介護の中に巻き込んでいきます。
　お嫁さんのつらい思いをはき出す場が必要ですから、介護者のつどいへの参加を早急にすすめていきます。

3 家族の力を引き出すために

1 介護者の力を引き出す支援と
ピアサポートの力

① 介護者同士の交流は心のケア、介護の百科事典

　みなさんはピアサポートという言葉をご存知でしょうか。同じ体験をもった人たちが、お互いに支え合うということですが、これは認知症家族交流会で、見られる光景でもあります。私たち家族の会では、この介護者同士の交流をとても大切に思っています。

　なぜならこの場は、介護者の方にとって心のケアの場であり、介護の百科事典とも言えるからです。

　「私だけではなかった。もっと大変な人がいる」と気づき、不思議なことに、それだけでご家族は気持ちが軽くなってきます。「同じことを何度も聞かれて嫌になる」と言えば「そうそう‼　うちもそう‼」とその場で共感しあうこともできます。ストレスになっている気持ちをお互いに受けとめ合えることにより、行き詰った気持ちが和らぐのです。

さらに交流会は日々の介護の知恵の交換場所です。「薬を飲むと怒りっぽくなる」といえば、それぞれのご家族から薬の話題がたくさん出てきます。効く人もあれば効かない人など、その様子はさまざまです。みんながそれぞれ違うということや、薬に頼るのではなく介護の仕方の方が大切と気づくきっかけにもなります。

　交流会では、ありとあらゆる話題が出てきます。受診やサービスの話はもちろんのこと、普段の生活でのさまざまな困りごとから、昔のこと、親族のこと、お金のこと、介護者自身の気持ちなど……。認知症の本には書いていないことばかりです。

② ピアサポートの力はとても大切

　介護は、自分の苦しい心とのたたかいでもあります。「早くお迎えが来てほしい」と思っている人は多くあります。「こんなにつらいならいっそ二人で……」と無理心中を考えたという人もあります。「自分の方が先に倒れてしまうのでは」と不安も抱えています。でもどんなつらくても苦しくても、自分で乗り越えていかなければいけません。

　交流会はそんな気持ちをはき出すことができます。「わかってもらえる場」という安心感があるからこそでもあります。心にたまったものを話せることで、介護の様子は何も変わらないとしても、心はとても軽くなり気持ちにゆとりが出てきます。このゆとりが生まれることにより、少しずつ気持ちを切り替

えられるようになってきます。それを積み重ねていくうちに、徐々に心理ステップを第2ステップから第3ステップに自分の力で上がっていくことができるのです。

きっとケアマネジャーのみなさんは「私たちに何でも気軽に話していただければいいんですよ」と言われるでしょう。ですが、ご家族がケアマネさんに話すことと介護仲間に話すことでは、内容も質も異なるのです。だからこそケアマネさんとの関わりだけではなく、ピアサポートの力もとても大切なのです。

③ 考えを変えた交流会での気づき

交流会に初めて参加した介護者Aさん（80歳）は、「妻が嫌がるので受診をしていない。サービスは、自分が元気だから使う必要はない」ときっぱりと話されました。ところが交流会では、なんと自分と同じように介護している人たちから、受診や薬、サービスの話などさまざまなことが語られます。Aさんにとっては初めて聞くことばかりで"びっくり"です。帰り際、私たちスタッフに"俺、遅れているのかなあ……"と言って帰っていかれました。その一か月後、なんとAさんは、奥さんを病院に連れていき、認定を受けデイサービスが週2回始まっていました。

これまで何度も娘さんが、受診やサービスの利用をすすめても頑として言うことを聞かなかったAさん。実際に他の人の様子を自分の耳で聞き、その話の中に「気づき」が生まれ、その

"気づき"がＡさんの重い腰をあげさせたのです。

　人は簡単に自分の考えを変えることはできません。そして、介護は誰もその人に代わってあげることはできません。ですから、Ａさんのように自分で気づき、自分の力で介護を変えていくことができなければ、介護負担はずっと軽減できないままなのです。

④「介護者に寄り添う支援」と「力を引き出す支援」

　介護者への支援には、大きく分けて「介護者に寄り添う支援」と「力を引き出す支援」があります。「寄り添う支援」は、普段からみなさんが心掛けておられる支援です。しかし、介護者が自分の力で変っていくためには、「寄り添う支援」に加えて「介護者の力を引き出す支援」が重要になってきます。

　この「介護者の力を引き出す支援」は、さまざまな気づきが得られる介護者同士の交流こそがもっているピアサポートの力でもあるのです。

　いろいろな人がいること、いろいろなやり方があること、うまくやれたりうまくできなかったり、そんな他の人の話は、自分の介護を客観視できるようになり、その話の中に自分なりのやり方を見出して介護力を増していくのです。

⑤ ピアサポートの力を重要な社会資源として

　介護者のアセスメントでは、3つのポイント「介護者の心理ステップ」「介護者の立場」「人間関係」に配慮して関わっていくことをお伝えしましたが、ご家族への支援にはもう一つ大事な関わりがあります。

　それは前述したピアサポートの活用です。**4つめのポイントとして「介護者同士の交流の場への参加の声かけ」**です。

　私たち認知症の人と家族の会愛知県支部では、これらを「家族支援の４大ポイント」として支援に生かしています。

> その１、介護者の心理ステップ
> その２、介護者の立場
> その３、介護者を取りまくそれまでの人間関係
> その４、介護者同士の交流の場への参加

　ケアマネジャーのみなさんには、ぜひ、このピアサポートの力を重要な社会資源として、介護サービスとともに支援のメニューに加えていただければと思います。

　ご家族がはじめて交流会に参加するときには、少し勇気が必要です。ぜひ、ご家族の背中を押していただき、交流会に導いていただけることを願っています。

（尾之内直美）

2 「ケアラーマネジメント勉強会」座談会

① ケアマネ歴と勉強会参加のきっかけ

尾之内：今日は、この本を一緒につくった「ケアラーマネジメント勉強会」のみなさんに集まっていただきました。座談を通して、ちょっぴりみなさんの素顔をご紹介しましょう。それでは早速ですが、みなさんのケアマネ歴とこの勉強会に参加しようと思ったきっかけを教えていただけますか？

恒川：〔主任ケアマネ〕ケアマネ歴は15年になります。それまで施設や居宅のケアマネなど一通り経験し、5年前に独立して事業所を開設しました。

　　　ある時、家族の会の世話人さんから「ケアプランに私たち介護者のことは、何も書いていないのよ、どう思う？」と言われたんです。たしかに、介護者のことはケアプランに記載していないし、記載する配慮もしていな

かったと気づきました。それからは「介護者の負担を軽減する」の一言でもいいので入れるようにして、介護者に「あなたのことも理解していますよ」ということを伝えるようにしています。

　でも普段の研修会などでは、こんな話は出てこないので、ご本人のことだけじゃなくて、介護者のことも他のケアマネさんたちと一緒に考えていきたいなと思って、勉強会を始めることにしたんです。

石川：〔主任ケアマネ〕ケアマネ歴は13年になります。恒川さんに誘っていただいたのがきっかけで、勉強会に参加するようになりました。ケアマネの資格は職場から勧められて取ったのですが、一度、異動でケアマネ職を離れて、デイサービスの相談員になったら、もう一度ケアマネがしたくなって、今は8年前に自分で事業所を開設して、一人ケアマネでやっています。一度ケアマネを辞めたことで、仕事のよさがわかり、今は水を得た魚のようにケアマネの仕事に夢中になっています。

森　：〔主任ケアマネ〕ケアマネ歴は11年になります。今は地域包括支援センターに勤めていますが、私も在宅介護で悩んだ経験があるのがきっかけです。在宅で姑を看取りましたが、家族がいるから在宅介護はできるわけで、それには家族の支援をしないと絶対無理と感じていて、"本人も大事だけど家族も大事にしてよ！"と思って、この勉強会ができた時にすぐに参加しました。

中村：ケアマネ歴は7年になります。子育てを終わって何かしたいと思い、ヘルパーや施設職員を経て、さらにスキルアップしたくてケアマネ資格を取りました。

　　　サービスを利用すると介護者がずいぶん楽になるだろうと思うのに提案しても聞いてもらえなくて。経済的にもゆとりがあるのになぜだろうって……。私はまだ親の介護経験がないので、介護者の気持ちが知りたいと思って勉強会に参加しました。

山田：〔主任ケアマネ〕ケアマネ歴は10年になります。

　　　私は介護保険の始まる10年前からヘルパーと舅の介護をしていました。舅とは18年暮らし看取りましたが、そのあと夫も亡くなり、「がんばらなくちゃ」と介護福祉士を経てケアマネの資格を取りました。認知症の人と家族の会愛知県支部の行っている専門職向けの半年間の講座を受けた時、初めて介護者の心理ステップがあることや介護者交流会の事を知り「もっと知りたい」と思ったのがきっかけで勉強会に参加するようになりました。

柴田：ケアマネ歴は4年になります。

　　　私が40歳の頃、父が脳梗塞になって、介護のために今までの仕事が続けられなくなり、介護と仕事が両立できるデイサービスに転職しました。それから、スキルアップしたくてケアマネの資格を取りました。勉強会を知った時に、ちょうど私は、実父、義父の二人の介護が重なっていて、ケアマネをしながらでしたが、私自身が

　　　　　混乱期だったこともあり、介護者支援ということで自分のためにもすぐに参加しました。
宮島：ケアマネ歴は４年になります。
　　　　　母が倒れて入院し、そのあとは施設でお願いし他界しました。家でみてあげることができなかったことが心残りでヘルパーになり、介護福祉士の資格でケアマネをとりました。認知症の人の場合、ご本人からは、なかなか話が聞けなくて、結局、家族と相談して、家族が決めるということが多いので、介護者のことも理解できなくてはいけないなと思っていた時に、認知症の人と家族の会の講座で勉強会を知りました。
　　　　　その時は、ケアマネ歴３年以上という参加資格に足りていなかったので躊躇しましたが、でもやはり介護者支援を知りたいと思い入れていただきました。

※ケアラーマネジメント勉強会の参加資格……利用者本位のケアプランがきちんと作成できるようになってから、介護者支援を考えていかないと、ケアマネ自身が混乱してしまい、結局どちらの支援も中途半端になってしまうおそれがあるため、ある程度のケアマネ経験のある方としています。

② アセスメントシートを書くと介護者の理解が深まる

尾之内：実際に家族支援の勉強会に参加してみてどうでしたか？

石川：ケアマネの経験が長い分、利用者本位でのケアプラン作成に慣れていたので、家族支援の視点をもつのに時間がかかってしまいました。ここの勉強会で一度出した事例をあとからもう一度まとめてみるのですが、最初の時は利用者の経過を書いていただけだったと気づきました。それからは今まで自分が苦手だと思っていた家族に対しても逃げの姿勢はまずいな、苦手ならむしろ飛び込んでいかなきゃと思うようになり、勉強会に参加して、私自身が変わったと思います

柴田：ここの勉強会で介護者のアセスメントシートを書いてみると、ケアマネとして何に困っているのか、どこからコミュニケーションを取ればよいかなどが、わかってくるようになりました。

森　：勉強会に参加して、利用者のこともしっかりアセスメントした上で、家族の気持ちはどうなんだろうと、広い視野で考えられるようになりました。私は親の介護経験があるので、自分では介護者の視点で考えることができていると思っていたのですが、アセスメントシートを書いてみると、思っていたよりも介護者の思いが聞けていな

かったことに気づきました。

山田：自分なりに介護者の話を聞くように心がけてきましたが、この会に参加して、傾聴するだけではなくて、「介護者を理解する」ことが重要だと気づきました。おかげで、私の介護者との関わり方は確実に変わりました。

③ 介護者自身が変わっていく姿を見られるのが、この仕事の魅力

尾之内：ケアマネをやっていると、いろんなご家族に関わられるので、うれしい経験もあれば、そうでないこともあると思うのですが、まず、うれしかったことを教えてください。

中村：「私、お父さん大っ嫌いです」と言っていた娘さんが、お父さんが施設に入った1年後には「お父さん、今、かわいいんです」に変わり、最後を見送った時に「短かったけど、それなりにやりきった感があります」と言われて、納得できる介護ができたんだなと思って、家族の方が満足できたことが幸せでした。

宮島：感謝していただけると、ケアマネになってよかったなと思いますね。

柴田：最初、家族間の関係性を知らなくて、キーパソン以外に連絡してしかられて、それで介護者の立場を理解して関

わるようにしたら、「今は家族の関係がよくなった」と言われるようになって、あきらめずに対応してよかったと思いました。

石川：いろいろ迷惑をかけてきた本人が、ぼそっと言った家族への感謝の一言を息子さんに伝えたら、親子関係がすこしほぐれたかなと思えた瞬間があって、その時がよかったです。そんな些細なことでも幸せです。

恒川：介護者の娘さんが、若年認知症を発症したお母さんを受け入れることができなくて苦しんでおられたのですが、最後にはお母さんとちゃんと向き合うことができるようになり、「ケアマネさんと出会ってよかった。そうでなきゃ、こんなふうに母をちゃんと見送ることができなかった」と言われた時は、胸がいっぱいになりました。娘さんに寄り添ったことで、娘さんがどんどん変わっていかれました。介護者自身が変わっていく姿を見られるのが、この仕事の魅力の一つかなと思います。

④ ケアマネのつらさ、悩み、苦労

尾之内：逆に、つらい思いをしたり、理不尽なことを言われるケースもいっぱいあるでしょう？

一同：いっぱいあります。

中村：もう少しよい支援ができたかなと心残りなものもいっぱ

いあります。

　　利用者さんと家族のためによかれと思ってしたのに、お金の関係でケアマネがすすめたと責められて、そうするしかなくて、説明してちゃんと了解されたのに……。ケアマネが悪者になってしまいました。

恒川：私、娘さんに怒られたことがあります。私なりに一生懸命、娘さんを支えたいと考えていた時だったから、なんだか一方的で理不尽だな、つらいなと思って、今でも思い出します。

尾之内：ケアマネを交代されたことはありますか？　悩んでいるケアマネさんもあると思いますので教えてください。

中村：認知症の初期の方で、介護者の娘さんに「そんなに怒らないでくださいね」と一言言ったら、「ケアマネとして当然のことなのだろうけど、ケアマネを代わってもらうことにしました」と言われました。その時は、「よかれと思いアドバイスしただけなのに」と思いましたが、勉強会に参加してみて、介護者の気持ちを理解していなかったんだと気づきました。

尾之内：ご家族だけでなく事業所との関係にも、苦労されることがあると思いますが、いかがですか？

中村：やりづらい事業所はあります。意図していることがわかってもらえないところや、杓子定規に対応されるところなど。でも、本人や家族に合うところを紹介するだけでなく、本人や家族の思いを伝えていくのもケアマネの役目かなと思います。

山田：サービス提供責任者や相談員がいいなと思っても、ヘルパーやデイサービスの現場に行くと困ったなというケースもあります。職員が育っていないというか。それでも、長いこと関わっていると、急なお願いでも「やってみます！」とか、がんばってもらえる時があって、だから気づいたことは伝えていこうと思っています。

石川：サービス提供責任者や相談員は顔。「一緒に考えてみましょう」と同じテーブルについてくれるところだと、また次も頼みたいと思います。

恒川：利用者や家族から事業者への苦情が出た時は、できるかぎり、そのままの内容で伝えてきたのだけど、家族の会の講座で講師から「ケアマネさんは本人のために、事業所の人をやる気にさせるのも仕事です」と聞いて、「たしかに」と私の中でストンと落ちて、それからは「どういうふうに言ったら事業所の人がやる気になるかな？」と考えるようになりました。

⑤ 家族が納得できる介護に寄り添う支援

尾之内：日々支援に関わっていて、ご家族にはどうあってほしいと思っていますか？

森　　：家族が本人を見送った後に、精一杯できたと思えたらいいな、その手伝いができたらいいなと思っています。家族が自分の納得できる形で介護が終わってほしいです。施設に入るとしても、在宅でやれることはやったと思ってほしいです。

山田　：どんな形にしても家族には後悔が残ると思うので、在宅か施設か、どちらかを選ぶときにより後悔の少ない方を選んでほしいですね。

中村　：家族が自分たちなりの答えを、自分たちで出せることがよいのではと思います。ケアマネが答えを出すものではなくて、家族が悩むことに寄り添って、大きく悔やまなくてもすむように、その答えを出すためのお手伝いをしたいと思います。

石川　：家族に依存されすぎるのは困りますね。ケアマネはあくまでもパートナー。決めるのは本人や家族で、私は決めやすいようにお手伝いはするけど、「決めるのはあなたです」とわかってもらえるようにしています。

宮島　：家族が自分で決めていくという過程を見守るしかなくて、ケアマネが主導でどんどん進めていってしまっては

いけないなと思います。

恒川：だからこそ、家族がもっている力を見極めるアセスメント力が大事だと思いますね。でも、判断ができない時に「あなたが決めてください」は酷で、でもずっと付きっきりも違うと思いますね。寄り添いながら、どこかの段階ですこしずつ手を放していくというか、気づいたら自立されていたというか……そういうのがいいと思います。

石川：振り返ると、前と比べて成長したよねと自信をつけてもらって、気づいてもらうことができるといいかなと思います。

柴田：集中的に関わらなければいけない人もあれば、徐々に対応する方がいい人もあって、本人や家族の話を傾聴して、時にはパンフレットだけそっと置いて来るというような支援も必要かなと思います。

尾之内：最後にみなさんの「ストレス発散方法」を聞かせてください。

宮島：おいしいものをたべることですね。

中村：土日も夜も仕事しているタイプなので、ここ（勉強会）に参加して発散しています。ここで話をするとすっきりできます。

山田：毎晩、家に帰ったら、ビールをぐいっと飲みます。ほっ

とします。

柴田：私は人と話すことが好きなので、人と話しながら食べたり飲んだり。近くに温泉があるので、そこで自分の世界に浸かっている時にほっとできます。

森　：職場の人数が多く、愚痴があればその場で言い合えるので。職場の食事会もいいし、職場以外でも話ができる場があるから、話ができる場が大事と思います。

石川：やっぱり話をすること。20代の時の友だちと話をしたり、昔の職場の仲間と集まって昔話をしたりするとすっきりしますね。

宮島：着付けが趣味で、着付けを頼まれたときにお手伝いに行くのがストレス発散です。
　　　「家族の会」の若年認知症の交流会にケアマネとしてではなく、個人で参加していて、楽しいです。

恒川：ＳＦ映画を見るとまったく違う世界に入り込めるのでいいですね。あとはこの勉強会がストレス発散の場になっています。

尾之内：どうもありがとうございました。

活動紹介

認知症の人と家族の会 愛知県支部

ケアラーマネージメント勉強会

http://hearttoheart.or.jp/kazoku/

毎月1回、第4土曜日に愛知県支部事務局に集まり、勉強会をしています。

介護者のアセスメントが活きるケアプラン講座

ケアマネジャー対象に「介護者の心理ステップ」「介護者を理解するための早わかり表」「介護者の理解と支援のためのアセスメントシート」を活用して研修を実施しています。

劇団「HEART」の活動

ケアラーマネジメント勉強会のメンバーで劇団を結成し、ケアプラン講座等で「奈津子の悲鳴」朗読劇を上演しています。

介護家族を支える

「介護家族を支える」DVD制作

介護家族・ケアマネさんのお話しから家族支援4大ポイントをわかりやすく解説しています。

認知症の人と家族の会愛知県支部では、
さまざまな家族支援の活動に取り組んでいます。
詳しくは、hearttoheart.or.jp/kazoku/ をご覧ください。

あとがき

　私たち認知症の人と家族の会愛知県支部では、介護者交流会や家族支援プログラムの講座を通して、日々、多くの介護家族の方とお会いしています。

　介護保険サービスの利用にケアマネジャー（ケアマネ）さんはなくてはならない存在ですので、当然、交流会でも頻繁にケアマネさんの話題は出てきます。

　「お願いしてもなかなか動いてくれない」「ケアマネを変えたい」というお話しもたまには出てきますが、多くは「親身になって話を聞いてくれる」「熱心でとても頼りになる」と、ケアマネさんへの評価は高く、みなさん頑張っておられるなあと感じます。

　私は、家族支援講座の中でご家族に「ケアマネさんはどうやって選ばれましたか？」とよく聞くのですが、「よくわからないので、"地域包括支援センターに紹介してもらった""サービスの人にお願いした""知り合いに紹介してもらった"」という返事が返ってきます。

　そうなんです。介護初心者のご家族は、ケアマネジャーを選んでくださいと言われても"よくわからない"のです。認定調査も受けてみてわかる、サービスも使ってみてわかる、ケアマネさんとのお付き合いも関わってみてわかる、だれもがそうやって一つずつ覚えていかれます。ですから最初から、「私はあれこれ探して、"この人!!"と思ってケアマネジャーを決めました」なんて方はまずはいらっしゃいません。

　……ということでは、出会ったケアマネさん次第で、ご家族の運命が決まるといっても過言ではありません。

もう一つ、ご家族に尋ねることがあります。それは、ケアマネさんの滞在時間です。「30分から1時間」という方が最も多いのですが、中には毎月、玄関先で印鑑押して終わりという方も、まれにですがあったりします。「忙しそうなので話しができない」とご家族が遠慮されていたり、「そんなもんだと思っていた」と言われる場合もあります。これには私たちもびっくりなのですが、こんな時はご家族に「"話がしたいので時間をとってください"と遠慮しないで言ってください」と伝えています。
　「自分のことは話してはいけないと思っていた」と言われるご家族も少なからずあります。「いえいえそうではないですよ。ご家族も含めて生活全体をお伝えしないと、ケアマネさんは、いいケアプランがつくれませんよ」とお話しするのですが、お互いに人間同士、ちょっとした声かけでいい関係がつくれるのになあと思うこともしばしばあります。
　ご家族との関係をつくるには、介護者のことを知らないと、さりげない声かけもなかなか難しいことです。ですが、残念なことに、現在の介護保険制度がご本人を中心に組み立てられているので、ケアマネジャーのみなさんが、家族支援について学習する機会が、あまりにも少ないというのも現状です。
　この本が、そんなケアマネさんとご家族の溝を埋め、認知症の人と介護家族のよりよい生活の支援につながることを願っています。
　義父の介護中、優しくできなかった自分自身を思い出しながら……

2017年1月

　　　　　　　　　公益社団法人　認知症の人と家族の会愛知県支部代表
　　　　　　　　　尾之内直美

付録1 ●認知症／介護者を理解するための早わかり表

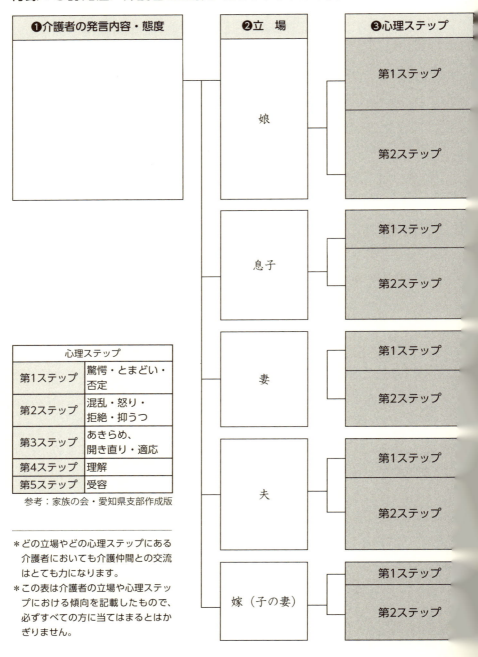

心理ステップ	
第1ステップ	驚愕・とまどい・否定
第2ステップ	混乱・怒り・拒絶・抑うつ
第3ステップ	あきらめ、開き直り・適応
第4ステップ	理解
第5ステップ	受容

参考：家族の会・愛知県支部作成版

＊どの立場やどの心理ステップにある介護者においても介護仲間との交流はとても力になります。
＊この表は介護者の立場や心理ステップにおける傾向を記載したもので、必ずすべての方に当てはまるとはかぎりません。

※拡大してご使用ください。

❹主な傾向	❺ケアマネの関わり方のポイント
認知症の症状には比較的気づきやすい。すぐにサービスを使わなくてはと焦ってしまう。早め早めにサービスを利用したくなり、本人やケアマネとの温度差ができてしまう。	認知症と気づいた点を評価する。傾聴する。希望どおりに動いて、うまくいかないことを体験してもらうことも時には必要。
感情的になって強い口調で親を責めてしまう。細かいことが気になり、事業者に過度な要求をしてしまう。介護してない兄弟姉妹に理解されない思いが強い。既婚の場合は夫の発言に影響されやすい。	傾聴する。認知症の上手い対応方法を押しつけない。
認知症の症状に気づきにくい。	経過を見守る。
親の変わりゆく姿が耐えられない。(特に母親に対して、その傾向がある)できないことが怒りに変わる。過保護か関わりを避けるかの両極端。	傾聴する。サービスの提案を根気よく行う。虐待に至らないように注意する。
認知症と気づいても軽度と思いこもうとする。人に知られたくない。	傾聴する。
子ども扱いして過干渉になる。私がするのがあたりまえ、大丈夫という。サービスの利用が遅れる。	傾聴する。妻としてのプライドを傷つけない。タイミングをみていつでもサービスが導入できるよう備える。
認知症かどうかよくわからない。人に知られたくない。	傾聴する。受診をすすめる。
役割の逆転に戸惑う。自分でやるしかないと抱え込む。我流で介護してしまう。サービスの利用が遅れる。	役割の逆転をねぎらう。具体的なサービスの説明を行う。タイミングをみてサービスを導入する。介護はマニュアルどおりにいかないものと伝える。
認知症の症状には早く気づく。	認知症と気づいた点を評価する。傾聴する。
夫や義理の兄弟姉妹に理解されない思いがある。自分の立場では何も言えずつらい。孤立感が強い。	傾聴する。交流会への参加をすすめる。

認知症の人と家族の会愛知県支部　ケアラーマネジメント勉強会作成

付録2●家族のたどる心理ステップ

第5ステップ	人生観への影響
受容	・介護の経験を自分の人生において意味あるものとして位置づけていく。 ・自分なりの看取りができる。

重度 ↑

第4ステップ	認知症の人の世界を認めることができる
理解	・認知症の症状を問題と捉えなくなり、認知症の人に対するいとおしさが増してくる。

第3ステップ	なるようにしかならない
③適応 ②開き直り ①あきらめ	・認知症の人をありのままに受け入れた対応ができるようになる。介護に前向きになる。 ・なるようにしかならないと開き直る。自らを「よくやっている」と認められるようになる。 ・怒ったりイライラしても仕方ないと気づく。 （介護サービスを使うなどして生活を建て直し始める）

第2ステップ	ゆとりがなく追い詰められる
②怒り・拒絶・抑うつ ①混乱	（必要に迫られ、認知症や介護サービスに関する情報を手当たり次第に捜し求めはじめる） ・「自分だけがなぜ…」「こんなにがんばっているのに…」と苦労しても理解してもらえないことを腹立たしく思う。 ・認知症の人を拒絶しようとする。そんな自分がいやになる。 ・認知症の症状に振りまわされ、精神的・肉体的に疲労困ぱいする。やってもやっても介護が空まわりする。

第1ステップ	まさかそんなはずはない、どうしよう
否定 驚愕・とまどい	・周囲にはなかなか理解してもらえない。介護者自身も、病気だということを納得できないでいる。 ・おかしい行動に少しずつ気づき始め、驚き、とまどう。

初期

付録3 ●介護者の理解と支援のためのアセスメントシート

介護者の理解と支援のためのアセスメントシート（事例提供用）

認知症の人と家族の会愛知県支部　ケアラーマネジメント勉強会作成

①事例を担当している期間		年　　ケ月			提出日	H　年　月　日		
②事例の提供理由 （介護者の支援で困っていること）								
③家族構成図				家族について				
④要介護者（本人）について	介護度			歳	性別	男性	女性	
	病名							
	認知症状							
	歩行				移動			
	排泄				入浴			
	食事				更衣			
	家事				経済状況		金銭管理	
	性格							
	利用しているサービス							
	その他							
⑤介護者について（主たる介護者1名）	続柄・年齢			歳	仕事	有　無	職業	
	病気	有　無			病名			
	協力者	有　無			続柄		協力内容	
	性格							
	介護状況							
	要介護者との関係							
	介護に対する要望							
	趣味・したいこと							

		続柄	妻	夫	娘	息子	嫁	その他
⑥心理ステップ・立場	ステップ1	驚愕・とまどい・否定						
	ステップ2	混乱・怒り・拒絶・抑うつ						
	ステップ3	あきらめ・開き直り・適応						
	ステップ4	理解						
	ステップ5	受容						

まとめ	⑦介護者の特徴	
	⑧本事例の弱み	
	⑨本事例の強み	
	⑩介護者の支援方法	

⑪支援した結果	

※拡大してご使用ください。　　認知症の人と家族の会愛知県支部　ケアラーマネジメント勉強会作成
hearttoheart.or.jp/kazoku/ よりダウンロードもできます。

執筆者

●認知症の人と家族の会愛知県支部ケアラーマネジメント勉強会
　恒川千尋／石川理重子／森　里美／中村智栄／山田恵子／柴田清子／宮島淳子
　尾之内直美（認知症の人と家族の会愛知県支部代表）

●連絡先
　公益社団法人　認知症の人と家族の会　愛知県支部
　〒477-0034　愛知県東海市養父町北堀畑58-1
　TEL：0562-33-7048
　TEL：0562-31-1911（認知症介護相談専用）
　FAX：0562-33-7102
　E-mail：rara2@ma.medias.ne.jp

ケアマネ応援!! 自信がつくつく家族支援
介護家族のアセスメントと支援

2017年2月28日　初版発行

著　者●ⓒ認知症の人と家族の会愛知県支部
　　　　ケアラーマネジメント勉強会
発行者●田島英二　info@creates-k.co.jp
発行所●株式会社　クリエイツかもがわ
　　　　〒601-8382　京都市南区吉祥院石原上川原町21
　　　　電話 075(661)5741　FAX 075(693)6605
　　　　http://www.creates-k.co.jp　info@creates-k.co.jp
　　　　郵便振替　00990-7-150584

イラスト●ホンマヨウヘイ
印 刷 所●モリモト印刷株式会社
ISBN978-4-86342-202-5 C0036　printed in japan

本書の内容の一部あるいは全部を無断で複写（コピー）・複製することは、特定の場合を除き、著作者・
出版社の権利の侵害になります。

認知症関連　好評既刊本　　　　　　　　　　　　　　　　　　　　　　　　本体価格表示

認知症カフェハンドブック
武地一／編著・監訳　京都認知症カフェ連絡会・NPO法人オレンジコモンズ／協力

5刷

イギリスのアルツハイマーカフェ・メモリーカフェに学び、日本のカフェの経験に学ぶ。開設するための具体的な方法をわかりやすく紹介！　認知症になったからと家に引きこもったり、家族の認知症のことで一人悩んだりするのではなく、気軽にふらっと立ち寄って、認知症のことを話し合ってみたい。そんな思いをかなえる場所、それが認知症カフェです。　　　　　　　　　　　　　　　　1600円

認知症の人の医療選択と意思決定支援
本人の希望をかなえる「医療同意」を考える

成本迅・「認知症高齢者の医療選択をサポートするシステムの開発」プロジェクト／編著

家族や周りの支援者は、どのように手助けしたらよいのか。もし、あなたが自分の意向を伝えられなくなったときに備えて、どんなことができるだろう。　2200円

認知症ケアこれならできる50のヒント
藤本クリニック「もの忘れカフェ」の実践から

奥村典子・藤本直規／著

2刷

藤本クリニックの「もの忘れカフェ」の取り組みをイラストでわかりやすく解説。三大介護の「食事」「排泄」「入浴」をテーマにした、現場に携わる人へ介護のヒントがたくさん。【長谷川和夫先生すいせん】　　　　　　　　　　　　　　　2000円

認知症ケアと予防に役立つ　料理療法
湯川夏子／編著　　前田佐江子・明神千穂／共著

2刷

高齢者にとって料理は長年慣れ親しんできた日常生活の一端です。それを通して楽しみとやる気を得、役割を担うことで精神面での向上につながります。心と身体に栄養を！　施設や地域、自宅でLet's Try！　高齢者施設で人気のメニュー＆レシピ14品を紹介。　　　　　　　　　　　　　　　　　　　　　　　　　2200円

介護の質
「2050年問題」への挑戦

森山千賀子・安達智則／編著

特別な人が介護を要するのではなく、誰もが介護に関わる時代はすぐそこにきている。地域に根ざした豊富な事例と深い理論的考察、先駆的な取り組みに学びながら、「介護の質」が保障された地域社会を展望する。　　　　　　　　　　2200円

認知症ケアの自我心理学入門　　自我を支える対応法
ジェーン・キャッシュ　ビルギッタ・サンデル／著　訓覇法子／訳

認知症の人の理解と支援のあり方を、単なる技法ではなく、「自我心理学」の理論に裏づけられた支援の実践的な手引き書、援助方法を高めていく理論の入門書。認知症の本人と家族、そして介護職員のための最良のテキスト！
〔付録〕認知症ケアのスーパービジョン　　　　　　　　　　　　　　2000円

http://www.creates-k.co.jp/

■認知症関連　好評既刊本　　　　　　　　　　　　　　　　　　　　　　　　　本体価格表示

パーソンセンタードケアで考える 認知症ケアの倫理
告知・財産・医療的ケアへの対応
ジュリアン・C・ヒューズ／クライヴ・ボールドウィン／編著　寺田真理子／訳

認知症の告知・服薬の拒否・人工栄養と生活の質・徘徊などの不適切な行動…コントロールの難しい問題を豊富な事例から考える。日常のケアには、倫理的判断が必ず伴う。ケアを見直すことで生活の質が改善され、認知症のある人により良い対応ができる。　　　　　　　　　　　　　　　　　　　　　　　　　　1800円

認知症と共に生きる人たちのための
パーソン・センタードなケアプランニング
ヘイゼル・メイ、ポール・エドワーズ、ドーン・ブルッカー／著　水野 裕／監訳　中川経子／訳

認知症の人、一人ひとりの独自性に適した、質の高いパーソン・センタードなケアを提供するために、支援スタッフの支えとなるトレーニング・プログラムとケアプラン作成法！［付録CD］生活歴のシートなど、すぐに役立つ、使える「ケアプラン書式」　　　　　　　　　　　　　　　　　　　　　　　　　　　　　2600円

━━ロングセラー認知症ケアの必読書──本人の声に寄り添って──━━

DVDブック　認知症の人とともに
永田久美子／監修　沖田裕子／編著

●認知症の人の思いがつまった90分のDVD収録
〈DVDの内容〉日本の認知症ケアを変えたオーストリアの当事者：クリスティーン・ブライデン＆ポール・ブライデンさん。触発された日本の当事者：佐野光孝さん、中村成信さん、佐藤雅彦さん。講演「私は私になっていく」（クリスティーン）全収録〈35分〉　　　　　　　　　　　　　　　　　　　　　5000円

認知症の本人が語るということ
扉を開く人 クリスティーン・ブライデン
永田久美子／監修　NPO法人認知症当事者の会／編著

クリスティーンと認知症当事者を豊かに深く学べるガイドブック。認知症の常識を変えたクリスティーン。多くの人に感銘を与えた言葉の数々、続く当事者発信と医療・ケアのチャレンジが始まった……。そして、彼女自身が語る今、そして未来へのメッセージ！　　　　　　　　　　　　　　　　　　　　　2000円

私は私になっていく　認知症とダンスを〈改訂新版〉
クリスティーン・ブライデン／著　馬籠久美子・桧垣陽子／訳

ロングセラー『私は誰になっていくの？』を書いてから、クリスティーンは自分がなくなることへの恐怖と取り組み、自己を発見しようとする旅をしてきた。認知や感情がはがされていっても、彼女は本当の自分になっていく。　　2000円

私は誰になっていくの？　アルツハイマー病者から見た世界
クリスティーン・ボーデン／著　桧垣陽子／訳

認知症という絶望の淵から再び希望に向かって歩み出す感動の物語！
世界でも数少ない認知症の人が書いた感情的、身体的、精神的な旅─認知症の人から見た世界が具体的かつ鮮明にわかる。　　　　　　　　　　　　　2000円

http://www.creates-k.co.jp/